没有人能伤到你

爱,并没有那么难

No One Can Hurt You

水淼 著

中国农业科学技术出版社

图书在版编目（CIP）数据

没有人能伤到你.爱，并没有那么难/水淼著.—北京：中国农业科学技术出版社，2016.1
ISBN 978-7-5116-2288-4

Ⅰ.①没… Ⅱ.①水… Ⅲ.①婚姻-通俗读物 Ⅳ.①C913.13-49

中国版本图书馆 CIP 数据核字（2015）第 233575 号

责任编辑	张志花
责任校对	贾海霞
插　　图	战　宇

出 版 者	中国农业科学技术出版社
	北京市中关村南大街 12 号　邮编：100081
电　　话	（010）82106636（编辑室）
	（010）82109702（发行部）
	（010）82109709（读者服务部）
传　　真	（010）82106631
网　　址	http://www.castp.cn
经 销 者	各地新华书店
印 刷 厂	北京卡乐富印刷有限公司
开　　本	710mm×1000mm　1/16
印　　张	15.25
字　　数	210 千字
版　　次	2016 年 1 月第 1 版　2016 年 1 月第 1 次印刷
定　　价	35.00 元

版权所有·翻印必究

自 序

每一次伤痛都值得好好领悟

自《没有人能伤到你：做个内心强大的女人》出版以来，我的邮箱从未停止过收到读者的来信。发件人向我倾诉他们的烦恼，有的只是希望我能安静地倾听，有的希望听听我的建议，有的希望我能帮他们拿主意。

我爱他，他不爱我啦；她那么优秀，我不知道自己能不能追到她啦；我发现他又和前女友（妻）联系上啦；我那么为家操劳，他却出轨啦；他的父母对我不好啦，他要跟我离婚，我不想活啦……

《没有人能伤到你：做个内心强大的女人》出版三年多时间以来还一直在加印，在这个出版行业不太景气的今天，实属不易。我曾问读者，购书时是否被书名吸引。大多数人都说是——受伤者想要从书中获得解药或不想受伤。其实，**书并不是药，只是提供找到解药的线索和方法。最终为自己配制解药，真正能帮到自己的人还是自己。** 记得有位读者对我说：看到序言最后一句话"就算所有人离开了你，就算你目前一无所有，你还有你自己——一个顶天立地的你"时，顿时泪崩。这句话让她看到了自己的力量。

接受出版社的约稿，我继续创作了这本治愈系图书。

没有人能伤到你，除了你自己。当一个人认定自己是受害者时，他必定是"伤"得不轻的。看看给自己贴上受害者标签后，接下来会发生什么呢？抱怨、自卑、愤怒、找平衡、报复……一切负面情绪油然而生，众多负性事件也油然而来。

有一位朋友总抱怨丈夫对她不好，态度恶劣，她说："你都不知道他是怎么对我的。"她列出丈夫的种种"恶"，泪流不止，越说越难自控。我知道她一定有很多委屈需要安静地倾诉。待她情绪平复，头脑不完全被感性占领时，我问"这些年你是怎么对他的呢"？此时她才开始客观地审视自己，发现自己原来也有很多"恶"。最后她不再固执地认定是丈夫害了她，而是彼此相互伤害——彼此不断用自己的恶挑战对方，并力图战胜对方的恶，如此恶性循环。

这个认识让她决定改变，否则她会一直陷入"为什么受伤的总是我"的泥潭，痛苦不堪，而不太可能做出有益于改善夫妻关系的建设性的举动。是的，发现自己的"恶"并不是什么坏事。也许对方并没有我们想象中那么恶，我们也没有自己想象中那么善。

一直以来，大家认为我的文字很温暖，而读这本书可能会让人感到一丝疼痛。要知道，受伤后敷药时是最疼的，疼过之后，不知何时炎症已经消除。

这本书的内容更加专注于爱情与婚姻。书中的故事大多来自于我与读者的互动，都是真实案例。为了保护隐私，我对一些故事做了加工处理。

在这本书的创作过程中，我得到了几位心理学教授、精神科医生、心理咨询师的帮助，在此感谢他们为我提供了一些新的思路；我更要感谢读者朋友对我的信任，他们与我分享的情感故事使得这本书更加丰满充实。

读完本书，如果带给你一些心灵上的触动，进而让你有所体悟，解决了生活中的纷争、情感上的纠葛，或是让你产生了不同的观点，请不吝与我分享。

我的邮箱：flower_97@163.com，我的微信：shuimiao2011，欢迎加入心灵栖居地，期待你的分享。

目 录

相爱：总有办法在一起

"看到你，就想拥有你！"
爱以一种强大的内在动力驱使着相爱的人在一起，并且在情感挫折中一起成长。

看到你，就想拥有你……002
我爱你，你到底爱我吗……004
爱了总有办法在一起……008
只是跟幻想谈了场恋爱……011
自己的温度自己决定……013
感情不小心就会冷却、冰冻……015
因为太爱你，所以不娶你……019
退而求其次的结婚对象……022

相处：爱得不够还是性格不合

"即使你不是最好的，却是我要珍惜一辈子的，只是我不懂如何去珍惜。"
相爱却不懂相处，是爱的最大悲哀。

01

爱得不够，还是性格不合……028

现在你喜欢的，也许是将来你憎恨的……030

没有给你，是因为他没有……033

创造爱，而不是一直消耗爱……036

你为什么总是被挑剔……039

你的强势能给你什么……041

投入越多，要求越多……044

第3章
性爱：没那么受伤害

"只想躺在你怀里，把自己交给你，并让时间停止在这里！"

有爱的时候一定会有性冲动，但有性冲动的时候未必有爱。

你的出现，就是对我的诱惑……052

上床，到底谁占了谁的便宜……054

愉快的性爱是肉与灵的统一……057

真的性冷淡了吗……059

从缠绵悱恻到分床而眠……064

身体上的热爱与心理距离……066

内心深处的心痛经历……069

背叛：要真相还是要快乐

"你都懒得掩饰了，都不骗我了！"

擦得再干净的茶几用显微镜看仍会有灰尘。你相信它是干净的，它就是干净的；你相信它不干净，它就不干净。

虽然我撒谎，可不是你想的那样……076

如实相告到底会怎样……079

被骗者的"诡计"……082

一根如鲠在喉的刺……084

敏感，是因为有了隔阂……087

信任打破后能重建吗……090

原谅和淡忘，谈何容易……093

给别人原谅你的权利……096

自我：我到底哪里不好

"我到底哪里做得不对，你要这样对我？"

你的好，爱你的人自然会感受到。永远不要问一个不爱你的人自己哪里不好。

我到底有什么不好……102

你的好与别人眼里的好……105

当你把翅膀给他人高飞……107

你还是图他点什么吧……110

女人的"本职工作"……112

当你所谓的"使命"没完成……115

他要，你没，别人有……117

分手也许不是你不优秀……121

第6章

痛心：舔舐伤口的快感

"这种感受既让我痛苦，又让我迷茫，同时好像我又很享受。"

让那些痛苦安安静静地待在内心的某个角落，没必要刻意清除它们，更没必要把它们拿出来常咀嚼。

自我的病态和谐……128

你为何会习惯性受伤……130

极端方式威胁的是自己……134

人体强大的自愈能力……137

找到自己的情绪规律……140

都是他的错……142

焦点解决问题……144

彼此之间贴标签……147

你为何痛得"不可自拔"……150

纠结：心已不在还能过下去吗

"心已经游离在外，生活还能逆转吗？"

人生苦短，别让行程太寂寞，有一个相爱的人陪着你，一双温暖的手牵着你，比什么都重要！

心已不在还能过下去吗……156

离，还是不离……158

是苦海，就要早点游上岸……162

孩子能留住婚姻吗……164

保护婚姻大坝的三块基石……166

原生家庭给了你多少影响……170

援助：当心里生病要找医生

"我真的不知道该找谁了！"

如果自己支撑不下去了，就不要再一个人扛着了。只要你愿意，总有人能帮到你。

当你伤心你会想起谁……178

你的那些"心理医生"们……180

扛不动了就找专业援助吧……183

他人能帮你到哪一步……187

不要怀着打仗的心态去沟通……190
你刚刚到底说了什么……192
有毒的鸡汤不要喝……195
善待自己的抑郁情绪……198

第9章
恢复力：穿过灵魂的黑暗

"我感觉好多了！"
受伤总是难免的，我们需要足够的恢复力，在短时间内调整身心，恢复到从前，甚至比以前更快乐。

你的焦虑，哪些是因为别人……206
关注自己的恢复度……209
想逃，那就暂时逃离吧……211
为自己加油，而不是总泼冷水……213
从前的慢，从前的美好……215
内心有光明就会看到阳光……218
假装自己很快乐……221
再坏的事也有好的一面……223
最舒服的姿势是放松……226

后记……232

第❶章

相爱：
总有办法在一起

"看到你，就想拥有你！"
爱以一种强大的内在动力驱使着相爱的人在一起，并且在情感挫折中一起成长。

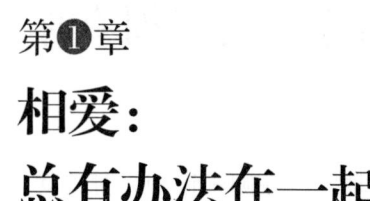

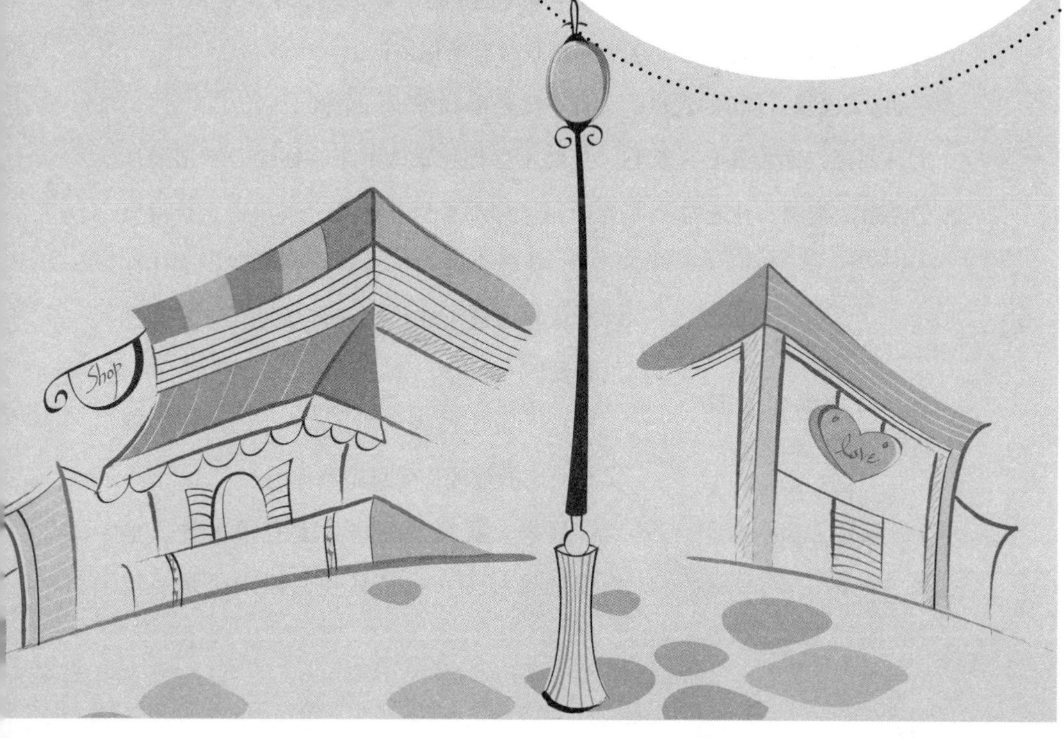

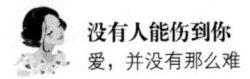

没有人能伤到你
爱，并没有那么难

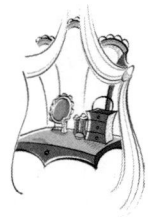

看到你，就想拥有你

与朋友们在咖啡馆聊天时，其中一位男生A时不时地拿起手机发微信。大家群起而攻之，太不把我们这些"身边人"放在眼里了。他连忙一脸无奈地解释，女朋友总爱腻着他，恨不得时刻都要跟她联系才好。开始他挺享受，现在有时觉得也挺烦的。朋友们笑着打趣，女朋友太喜欢他，离不开他。

于是，我们又谈论到一个老掉牙的话题——爱与占有。朋友B说，爱一个人就希望他（她）过得好，只要看着他（她）好，自己就满足了！

我当时嘿嘿一笑。对于这个问题我是有所保留的。

朋友C也很认同B的观点。为此，他还给我举了一个例子：

一朵花，你若真心喜欢它，当然不会把它采摘下来，你会心甘情愿地为它浇水、施肥，让它沐浴阳光雨露。你不希望它枯萎，而希望它长得更漂亮，让更多的人都看到它的漂亮。这样你就能从它的健康成长中获得满足，这才是真正的爱！

这个说法，我无法反驳，因为C说的确实有一定的道理！爱总是利他的。

后来，我突然顿悟：爱有很多种。他们说的这种爱——是真爱，但未必是爱情

> 爱情的爱，是真爱，却也是一种狭隘的爱！在这里，受伤，抑或是伤到他人，皆属正常。

的"爱"！

我们对家人有爱，对朋友有爱，对一切自己喜欢的人和事物都会产生爱，这些爱可以是博大无私的，无私到付出再多也不会心疼和难受。但是，也有一种爱，让人想起都会感到"心痛"（确确实实的，生理上的疼痛）——这就是爱情的爱。

我们更希望所爱的人围绕在自己周围，每天看着他（她），别人可以欣赏他（她），但不能碰触他（她），他（她）只属于自己。爱情的"爱"里面必然有很多狭隘的东西掺杂在其中，比如排他，比如性。当你爱上一个人，看到他（她）与异性亲密互动，你还心如止水，这能算爱情的"爱"吗？

爱一个人，希望能与之相处。一般情况下，很少是"因为他（她）需要我，所以我要做他（她）女（男）朋友"，而是"我太爱他（她）了，所以我一定要跟他（她）在一起"！"我不能离开他（她），否则我会很难受。"

然而，这也没什么不对，人都是这样。你吃醋、你任性、你纠缠……这才是爱情的自然表达、真情流露啊！在不伤害别人的情况下，追求自己的爱就是一种快乐的举动。当然，若过于沉浸其中，或要求他人一定配合你的需求，就不一定能收获快乐了。

回到上面的主题，如果一定要认为爱一个人只是希望远远地看着他（她）就好，那么这也可以解释，确实有些人对所深爱的"花朵"远观而不亵玩。他们只是在潜意识中害怕失去对方而不敢。为了避免自己认知不协调带来的难受，只能告诉自己很满足了，事实上自己欲望和情感的表达受到了压抑。当然，还有一种解释——这样的爱已经升华（就是说"爱过了"，比如，情侣变成了兄妹）！

所以说，爱情的爱，是真爱，却也是一种狭隘的爱！在这里，受伤，抑或是伤到他人，皆属正常！

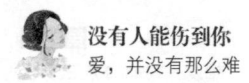

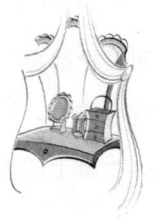

我爱你，你到底爱我吗

爱情的爱，是一种狭隘的爱，我们当然希望自己有更多的独占优势。如果你爱他（她），而他（她）却不爱你，或是他（她）爱很多人，你只是其中的一位，你可能就不那么快乐了。所以，很多人迫不及待地想知道，"我爱他（她），可他（她）爱我吗？"

Candy说爱上了一位大叔。大叔比她大11岁，离过一次婚，目前单身，他和Candy经常聊天，可不知为何前几天大叔突然就不理她了，还把她的微信删掉了。

这位大叔讨Candy的喜欢太容易了。他成熟稳重、聪明智慧还很会处事，有较为成功的事业，在工作上帮过Candy不少小忙。

我问："你喜欢大叔，他知道吗？"Candy说："我对他说了，可他没什么反应。他不喜欢我吗？为什么在工作上要帮助我？为什么不接受我，为什么要把我的微信删了呢？……"

爱是两厢情愿的事，单向付出的爱带给人的大多是苦恼与郁闷。我很想对Candy说，虽然你现在难过，或许将来你会感谢他。在某种意义上来说，他连暧昧的机会都不给你，他就是一个好人——在我看来，不爱就果断拒绝的人都是好人，好过那些给你希望又不给你结果，让你不断消耗能量的人。

暧昧是什么？关于暧昧的定义，有这样一个段子：你想和他（她）

上床，他（她）也想和你上床（爱以性为基础）。你们俩还没上床，你们不知道什么时候会上床，但你们都知道你们迟早会上床（或许最终也没上床，这不重要）。

这段描述真是太到位了！东边日出西边雨，道是无晴（情）却有晴（情）。似有非有，若即若离——这就是暧昧的感觉。

"大叔到底爱不爱我？"可能除了Candy自己，谁都知道答案。

> 很多时候，别人不爱你并不能说别人伤害了你，因为谁都有爱与不爱的自由与权利；而你因为别人不爱你而纠结，反倒会自伤。

每当碰到提这种问题的女生，我都很想对她们说：难道你非要对方非常明确地告诉你"你很好，但我就是不喜欢你"时，你才相信对方是不爱你的么？其实，当你听到"你是一个好人，可我们有缘无分"的时候，就可以做好放手的准备了，何必去纠结"为什么无分""我是好人，你为什么不跟我继续"这样的问题。

拒绝一个人未必需要用冷冰冰的方式。爱，或不爱，很容易就能感觉出来，只是自己不愿承认、不愿接受罢了。很多时候，别人不爱你并不能说别人伤害了你，因为谁都有爱与不爱的自由与权利；而你因为别人不爱你而纠结，反倒会自伤。

判断一个人爱不爱自己，其实并不难。我还是讲两个小段子吧！

段子1：爱的选项

A问B，"你爱我吗？告诉我爱，或不爱！"

B回答，"你的思维方式非黑即白！"

没错，世界上很多事情都不能用简单的黑白思维来看待。除了黑色、白色，还有其他灰度。爱情也一样，除了爱、不爱，还有介于爱与不爱之间的区域。但无论怎样解释，发问者总会回到原点——你到底爱不爱我？

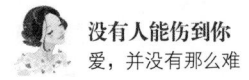

这里选项很丰富：1. 爱；2. 不太确定这是不是爱；3. 可能有一点点爱吧；4. 比喜欢多一点点；5. 对你不反感；6. 不爱。

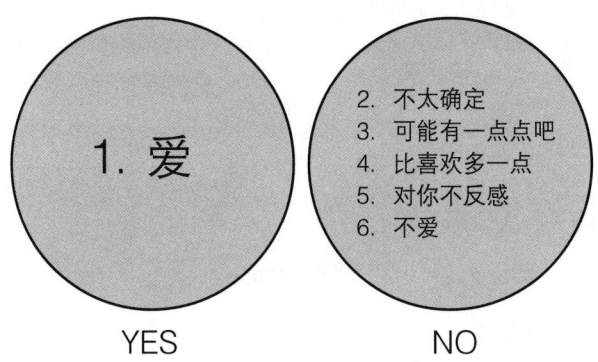

这1~6个选项从白到黑，确实存在于不同的灰度区域——这是B的思维方式。

对于A来说，她并不否认有6个选项存在，在A的心里：1是一个选项"YES"，2、3、4、5、6归于了另一个选项"NO"。A只想知道自己是不是在白色区域，至于还存在着的那些浅灰区域、深灰区域，甚至红色区域、黄色区域、蓝色区域……跟自己有什么关系呢！A的心理应对模式只有两种：一种是应对"YES"的，一种是应对"NO"的。所以，A只要一个明确的答案。

这就是为什么那么多女生非要弄明白对方是否爱自己，为什么恋爱中的人容易有非黑即白的思维。出于人际交往中的自我价值保护原则和功利原则，如果他（她）也爱我，我就继续爱他（她），如果他（她）根本就不爱我，我也就不去想他了（死心了）。只有关系明确，才不会角色混乱，知道了自己位置也会少受伤害。

所以，一般情况下，当他对你说爱的时候，就是"YES"；而当他对你说其他答案的时候，你都可以考虑将其归于"NO"。

就像你问某人"你考了100分吗"，对方回答"我考了10分""我考了60分",对方没有直接回答你的问题,他给的答案10分或60分都需要在你的头脑中加工整理,最后才得出答案"NO"。很多人在信息加工的过程中出了问题,他们的痛苦其实并不在于对方没给自己答案,而是不接受自己加工出来的结果。如果你自己要把60分等同于100分,误差带来的后果你当然要自己承担。

当然,写到这里少不了一个温馨提示:对方说爱,未必是真爱;对方没说爱,未必是不爱。时间会给你真实答案。

段子2:有爱,必定有迎合

A:今晚你想吃烧烤吗?

B:哦,烧烤啊……

A:行,我知道了,我们去吃别的吧!

B:我没说不吃烧烤啊!

对比一下:

A:今晚你想吃烧烤吗?

B:好啊,我刚想说我们去吃烧烤呢!

A:心有灵犀!

B:Let's go!

这两个场景中,没有好坏对错,仅仅只做比较。和上面那个段子一样,当一类答案没有得到时,大多数人会自动默认为另一类答案。

回到爱与不爱的问题上。当你问对方"你爱我吗"时,"呃!你怎么会问这个问题?""等我想想再回答你啊!"如果有人遇到这样的问题而问我,站在一个作者而不是心理咨询师的角度,我肯定会反问他(她),难道你还没"感觉"到答案么?

当两人刚开始相处时,判断对方是否爱你,可以根据他(她)回复你信息的速度来判断。这话虽然有些武断,但是你不承认吗?

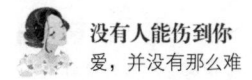

有爱，必定会有迎合。因为迎合是人们拉近距离最简单最直接的举动。如果你爱一个人，你会时刻关注他（她）的消息，你会希望与他（她）有更多的互动，所以他（她）发的每一条信息都会让你迫不及待地回复，即使错过你也会尽快向他（她）解释，以避免误会，你不会让他（她）体验到不舒服；那些你不急于处理的信息，只能说明此刻发信息的人你并没那么在乎，甚至是想要回避的，通常你也不会太多考虑这些人的感受。

一个爱你的人，至少在最初的阶段会给你非常多的关注，随时准备张开双臂等待你的投入；而当你想要拥抱他（她）的时候，他（她）却迟迟不张开双臂，至少说明他（她）此刻对你的热情还不够。

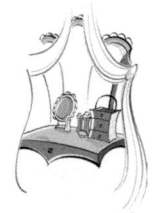

爱了总有办法在一起

如果是真爱，为什么那么多有情人不能终成眷属？我相信倘若彼此在一起的愿望足够强烈，情侣们会排除万难力图在一起，而若遇到一点困难就退缩，也许并没有那么爱。

Lin和男生的关系刚从暧昧期转为明朗期，但男生告诉她，父母不同意。主要是父母不希望未来儿媳妇比儿子年龄大。Lin只比男生大两个月而已。

男生说，我父母要见你！但这不是通常意义的"见家长"，而是让男生的父母看看行不行！父母总是希望孩子们过得好，但他们通常会用自己的标准来衡量子女的恋爱对象。太瘦、太穷、太大、太老实、太不会说话……通常都是他们反对的理由。这一点可以理解，但那又怎样？

> 任何一个对恋人心甘情愿，召之即来挥之即去的人，一定是深爱对方的人，但是爱的卑微总会因为爱的新鲜感消退而受伤害。

Lin对男生一往情深，想方设法为男生辩护，"他从小到大都听父母的话，所以这次也不敢违逆，不想让父母不高兴……"她想，他的父母还没见到自己就反对，可能是对自己不够了解，正好借此机会跟他们解释一下，让他们看到自己的优点。

Lin还是去了，可约好的那天男生父母突然有事要出门。约会临时改到了第二天。

几天后，我问Lin，"后来呢？"她笑着回答，"后来……就没有后来了。"

男生的逻辑在我看来很幼稚：你先见见我的父母，如果他们同意，我们就在一起，如果他们不同意，趁我们还没投入多少，早点分开彼此都不会太受伤。

难道，这是一场纯理性、纯守孝道的恋爱吗？

Lin的这个小故事中，有很多问题。

首先，假设这是一个恋母情结严重的男生，那么要怎样与之相处呢？要怎样与他母亲相处呢？

"我的妈妈不喜欢你，所以我不能和你在一起！"这是一句隐藏得很深但又很真实的潜台词。什么事情都要妈妈做主，你们的关系将会有多少阻碍！况且，孩子的恋母情结一般都可归因于母亲的恋子情结，一旦妈妈觉得自己在与儿子、儿媳的三角关系中的地位受到你的威胁，就不会给你好脸色看。

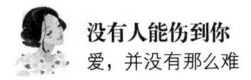

其次,只是以"听妈妈的话"作为幌子,来拒绝对方。"我妈说我还小……""我爸觉得我们不合适……"真是个小乖乖!这也没什么不好,不爱就拒绝是可以理解的,但恋爱时对待恋人就像到菜市场挑白菜一样的男生,要怎样跟他们谈平等和尊重呢?

"我的家人想看你,看中了你就留下,没看中你就回去。"即使面对这样的态度,Lin对他们的约会仍是那么看重,而他和家人却那样随意。任何一个对恋人心甘情愿,召之即来挥之即去的人,一定是深爱对方的人,但是爱的卑微总会因为爱的新鲜感消退而受伤害。

最后,我们也可以假设这个男生是爱Lin的,但还没开始相处,就将所有压力让女生一个人扛着的男生,要怎样与之生活而免受伤害呢?

当两个人的感情不被看好,不受祝福,甚至是受到阻挠的时候,来自身边的压力应该共同面对。共同度过危难的情感往往更加牢固。

也经常有一些人当爱情遭到家人反对时,自己看似在极力维护这段爱,甚至很明确地告诉对方:"你看,我的父母都反对我们在一起,我为了你跟他们都决裂了。"他会让你感到内疚,在你的内心产生负罪感,而事实上被爱的人是不应该有由对方施加的愧疚体验的。你当然会为他的选择而感动,但你更要清楚,他为了你与父母决裂是他自己的选择,他认为跟你在一起比听他父母的话更舒服,所以他心甘情愿地选择了你。

我不了解Lin和男友相识、相恋的整个过程。也许在这个男生身上,以上问题都不存在只是他爱得不够深。

如果真的深爱,他会跟你一起与父母"抗争",他会努力在父母面前说你的好话,至少不会把"父母不同意"的问题丢给你一个人解决,而自己躲在父母身后袖手旁观。

爱得越深,"在一起"的欲望会越强烈。有阻挠也会有坚持。退却的人,只是不够爱,或不够勇敢。

我很理解爱一个人,自己便会不由自主地低到尘埃。Lin这次没有结果的结果也许是她最好的结果。无论有多爱,都有必要坚守自己的高度,当你低到尘埃只会让人更加看不到你,最终可能连你自己都找不到自己了。

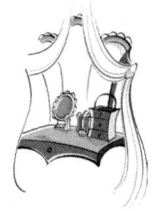

只是跟幻想谈了场恋爱

当你爱上一个人,很多时候都会假设对方也是爱你的。即使对方对你不冷不热,你也会告诉自己,他只是工作忙而已;当他表现出某个缺点的时候,你会告诉自己,他以后会改的。这其实都在说服自己:"他是爱我的。"

在自己的眼里,对方什么都好!当大家都对Lin的男朋友不看好时,她却奋力争辩:"他都和爸妈抗争了!""他从小就听父母的话……""他也没办法……"不管事实到底是怎样,她总是这样告诉自己。此时,她的耳朵只能听到自己的声音,她的眼睛里也只能看到自己幻想出来的美好,此时她的视角是纯感性的。

幻想,就像做梦一样。用弗洛伊德的观点,做梦是为满足个人未经实现的欲望,当

> 如果幻想能满足我们的缺失,真是一件好事,糟糕的是,我们往往会在幻想的时候寄托种种期望,当期望破灭的时候,我们会伤得很重。

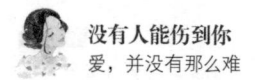

生活中某方面有缺失时，往往会通过梦来实现。幻想其实跟做梦一样——白日做梦，也是为了自我满足。如果幻想能满足我们的缺失，真是一件好事，糟糕的是，我们往往会在幻想的时候寄托种种期望，当期望破灭的时候，我们会伤得很重。

女性的想象力总是特别丰富，能在很短的时间内把很多事情关联起来，当然都是朝着自己想要的方向去关联。在感情上的关联，表现在跟幻想恋爱、生活。

有一次，我和一位女同事聊天，她聊到了她那不解风情的先生。她说，情人节那天，街头充满了浪漫气息，到处都能看到手牵手的情侣，以及围在人们身边卖花的人。她也想，如果先生能手捧鲜花回来该多好！昨天她还提起过今天过节，他应该会有些表示吧！

做饭的时候，她莫名其妙地激动起来，一直在想，家里的花瓶好久没用了，如果先生真买花回来，花插在哪儿呢？要不要清洗一个花瓶出来？放在饭桌上比较好……然而，门铃响起，当门打开，先生双手空空如也进来时，她心里顿时有一种怪怪的失落感。

像这样的场景也经常在我的生活中发生。这并不是别人做得有多不好，而是自己有所期待。比如我期待先生送生日礼物给我，可是他却没有送；我期待先生少看手机多看我，可他却经常抱着手机入眠；我期待先生能理解我所承受的一切压力，可他好像并没那么在意……现实与自己的期望值相差越大，内心的失落感就会越大。很多时候期望越高，失望越大。惊喜总出现在意料之外。

有一个女孩，生日那天感觉特别不好，找我倾诉。她说，"我和他暧昧了几个月，今天我过生日，原以为他会邀我看一场电影，或是给我过生日，趁机把关系挑明了。结果什么都没有。我彻底失望了。"接着她发出无限感慨："他不喜欢我吧！喜欢我为什么不主动约我……"翱翔在幻想中总是很滋润，可回到现实中顿觉干涩。

我们总是喜欢朝着自己喜欢的方向去幻想和期望，这可能在自己的潜意识中是对他人的某种要求。除非我们只是想想，然后一笑了之，而不是当别人的行为不符合我们的幻想时我们就不高兴了。让期望变为现实的，不是我们的意念，而是我们的行动，即期望别人如何，就让别人知道；期望自己如何，就努力达到。

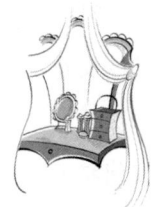

自己的温度自己决定

如果对方的行为不是你所期望的，你怎么办呢？"他（她）不理我，我就不理他（她）"绝对不是一种正常的交往方式。

在微信朋友圈，有人转发了一篇小短文：

最淡定的女人，没事从来不给男人发短信打电话，如果你问我怎么想的？我会说：他若不忙，就会和我联系。他若正忙，我打扰他干什么？他若不忙也不和我联系，那我联系他干什么呢？女人是水，你用0度遇见我，我即刻成冰；你用100度爱我，我才会立即沸腾。所以，女人的温度就是你对我的态

> 有的女人就是一盆水，男人需要激情了就把她加热；男人对她没兴趣了她就默默地冷却。她是多么无辜、多么无奈！

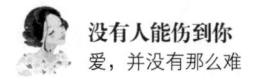

度,冷暖自知。好的男人会让女人越来越温柔,无情的男人会让女人越来越坚强。

一时间很多人点赞。看到这段话时,我总觉得哪里有些不对劲。短文的作者会是在什么样的境况下写下这段文字呢?我最终得出结论:不是刚受过伤,就是自身防御系统太强。这可能是某些女性倡导的处世态度,但正常的人际关系肯定不是这样的。

首先,人际交往是相互的,特别是在两情相悦的爱情(或婚姻)中,如果一个人总是等着对方主动,自己永远都是被动状态,这样的爱情(或婚姻)关系就无法持续。

很多女性总是习惯站在一个被动者的位置上,这可能与传统文化提倡的"矜持""含蓄"有关,也可能与其自尊心太强有关。她们会想:"你不理我,我为什么要理你""你不主动联系我就是不爱我,我何必上赶着找你""我有我的自尊,死缠烂打绝不是我的风格!"这样就把主动权以"不丢自尊""做个淑女"等名义交给了对方。结果就造成,对方高兴了就理她,她也就高兴;对方不理她的时候,她认为对方不爱她,她就不高兴,甚至要分手。她的喜怒哀乐取决于对方主动与否。

其实,你要知道,含蓄与主动并不是绝对的矛盾,关键是跟随自己的内心。想他了,就主动联系他,不让自己压抑;当然,如果内心真的不想理他,就不要去理他(就怕心里想着对方,却因为找不到台阶而故意冷战)。这与自尊没有必然联系,而关乎自信。两性关系维护得好的人,是不会有这种心态的。自信的人不怕失去,不怕被拒绝。因为他们自信不会失去,也自信即使遭到拒绝也能承受。

"女人的温度就是你对我的态度。"这句话非常精辟地道出了很多女性内心中的无辜和无助,应该也算是她们情感受伤的主要思想源头了。有的女人就是一盆水,男人需要激情了就把她加热;男人对她没兴趣了她就默默地冷却。她是多么无辜、多么无奈!

在两性关系中,不可能总是充满激情,时刻都是幸福时光,总会有不开心的时候,无论这种不开心是何种原因造成的,我们都会习惯性地把账算在对方头上。在愤怒的顶点发誓:我不会再对他好了,我不会再主动联系他了,我对他的态度要看他的表现如何……

在受伤后,保持静止状态是一种自我保护的方式。允许自己找个安静的地方舔舐伤口,在隔离状态下,人们确实能避免少受伤害,但这终究不是长久之计。

要知道,这个世界没有人能完全规避伤害,利益和风险共存。要保证自己不受伤害,最好的办法是不投入感情,不产生期待,但那样的话,能得到真正的感情吗?

在心理学上,人际关系这个词的解释是:人与人之间通过动态的相互作用形成起来的情感联系,是一个互动的过程。尽管我很理解短文作者写上述文字时的心情,但围观者最好不要把它当成自己为人处世的准则。

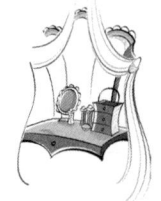

感情不小心就会冷却、冰冻

一般女孩子和恋(爱)人吵架后,总是希望对方来哄自己开心,以得意于对方对自己的紧张。一个人越是紧张另一个人,另一个人越是得意于

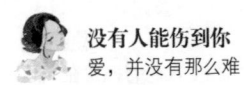
没有人能伤到你
爱，并没有那么难

对方的紧张，因为从对方的紧张程度，可以大致判断出他对自己的在意程度。事实上，那些懂得"怜香惜玉""嘘寒问暖"的暖男们更深得女人们的喜爱。

但是，倘若有一天，你们之间发生了一件小事（事情没有对错，也许就是一个小误会），你生气了，你认为他应该为此主动哄你开心，可是他并没有这样做，接下来会怎样呢？你会主动向对方求和吗？如果对方还没主动联系你，你又特别想念他，你会先联系他吗？

这里有三个选项：A.无论怎样都要等他过来哄我，不然就冷战；B.先等他过来哄我，实在不行我再找他，不能冷战；C.无所谓啦，我会主动跟他说话的。

不同的选择反映不同的处世态度，不同的处世态度当然会形成不同的人际关系。如果换个角度，你愿意与选择哪种答案的人交往呢？总之，从这个答案的选择中，能很容易推断出一个人的包容度。

生活中，很多女性和恋（爱）人闹矛盾后，必须对方先开口言和才行，她们宁愿无止境地冷战下去也绝不主动和对方说一句话。在她们的思维中，谁先主动说话就意味着谁在妥协、谁在主动认错。这似乎有那么点道理。自古以来，似乎就是谁犯错，谁认错。

我经常听到一些女性说自己婚姻不幸。当问起两人状态时，回答已经好几个月没说话了。每次我都会瞪大眼睛——这是怎么做到的？

每天生活在同一个屋檐下，在同一口锅里盛饭的夫妻，居然几个月不说话，身体没有任何接触，还能"和谐"（没有吵闹）地生活下去。长期生活在这样的氛围中，该有多么压抑。没有温暖的家不叫家，叫冰窟。

"他不认错，我是绝不会妥协的，又

> "他不认错，我是绝不会妥协的，又不是我的错！"——就是这样的信念一直支撑着受伤的女人们将冷战进行到底。

不是我的错！"——就是这样的信念一直支撑着受伤的女人们将冷战进行到底。

对方要是性格好一点，有点耐心，事情很快就会过去。倘若你碰上的也是一个倔强、内向之人，你们的情景就很容易陷入僵局。我们来看看对方为什么不主动开口认错。

首先，对方不一定认为事情都是自己的错，他可能也不甘心就此妥协。矛盾到底是如何产生的，需要双方的沟通，而不是对峙。不同的人对同一件事会有不同的看法。

比如有一位妻子因为丈夫瞒着自己给父母钱而大吵，最后冷战。她认为丈夫没有把她当一家人，不应该瞒着自己给公婆钱；而丈夫则认为在经济上支持年老的父母是天经地义的事情，没什么可说的，何况钱是他自己挣来的。俗话说清官难断家务事，像这种公说公有理婆说婆有理的事，有几个人能把它说明白了？

其次，对方的耐心可能早已在高频发生的同类事件中被磨灭殆尽。除非你能保证自己一辈子都能把对方迷得神魂颠倒，否则就不要指望这一辈子中，无论何事都是对方主动低头认错。很多女性习惯了丈夫追求自己时的享受模式，凡事不管大小，丈夫永远是错的，她永远是对的，岂料随着时光的流逝，丈夫的这种迎合度越来越低，她就无法接受。

最后，也是最糟糕的一点，对方觉得就这样不说话，耳根子清净，挺好。久而久之，这种清净的状态变成常态，生活没有任何互动，就像一坑不流动的死水，最终发臭。夫妻不知何时变成室友，进而变成路人，甚至仇人。

曾有一位女同学因为丈夫撒谎被自己揭穿而和丈夫冷战一个月。她说，"我不可能这么轻易原谅他，他做了错事就要受到惩罚。我是不会主动找他的！"她没有意识到，在"惩罚"对方的时候，自己也是不自在、不快乐的。

婚姻是两个人的，一个人犯错，让婚姻受惩其实是不公平的，更何况

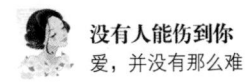

追根到底是谁的错也未知。对这个女同学而言，这一个月中承载了冷漠与厌烦，就不可能承载热情与快乐。不管谁对谁错，当情况陷入僵局时，早点打破这种非正常的相处模式，有什么不好吗？事实上，说抱歉的人不一定就是犯错的人，更能说明他（她）希望早点结束不愉快。

同一件事，每个人的应对方式不一样，有的人生气时会马上爆发，把事情说清楚讲明白；而有的人则愿意一个人静静待着，什么也不说，让自己缓冲（而不是冷战）一下。我属于后者。

受情绪支配，我会一时无语，不知道该说什么，怎么说。我会给自己一段时间调整情绪和思路，但绝不会因为某事而把某人彻底屏蔽掉，而且我真的不认为谁先开口说话有多重要。虽然这听起来有点"难为"自己，但能很快改善彼此的关系，将自己从不开心的阵地中快速转移出来。

记得有一次，我和先生闹矛盾，争论时互不相让，都认为对方不可理喻。争论结束他就拖着行李箱出差了。在矛盾中我们一天没有联系彼此，我怎么都觉得有些别扭，于是拨通了他的电话。我居然鬼使神差地说，"我有点想你"——这句话是我当时真实的感受，但那时说出来又觉得有些言不由衷（我不想他就不会给他打电话了，但打电话不是因为我想他）。他听到后开始有些诧异，在战地闻到花香，当然出乎意料，然后就发出了"呵呵"的笑声，我们像什么都没发生一样，很自然地开了几个暧昧的玩笑，一切回归到了正常。

矛盾之后先言和之人，并不是先妥协之人，而是更大气之人。

第 1 章

相爱：总有办法在一起

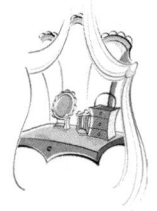

因为太爱你，所以不娶你

我在读者中做过一个关于爱的小调查。

女孩Ann与男生Bill关系暧昧，他们彼此感觉非常不错。然而，突然有一天，Bill对Ann说，"因为太爱你了，所以我不能娶你！"

此刻，如果你是Ann，你听到对方这样说，会有怎样的反应？假设你是Bill，你对对方这样说，又会是出于什么原因呢？

在回复我的读者中女性居多，大致来说有三种声音。

大多数人对Bill的话不可理解，也就是不相信Bill是爱Ann的。她们回复："果断离开他""让他马上从我的生活中消失""我一定很失望""甩给对方两个耳光，然后潇洒地离去，最终自己默默地躲在洗手间哭泣"，等等。

有一句话说"任何不以结婚为目的的恋爱都是耍流氓"。依此，Bill就是耍流氓！承诺是爱情的三要素之一（美国心理学家斯腾伯格认为爱情由三个基本成分组成：激情、亲密和承诺）。恋爱中的双方会本能地想要维护这种关系，让其得以持续。所以如"天荒地老""海枯石烂"这样美好的词汇就产生了。因为爱，所以"要"在一起。

> 就浪漫的爱情而言，当恋人变得熟悉时，大脑可能根本无法产生足够的多巴胺，所以即使你的恋人一如既往地完美，你也不能同样地被唤起。

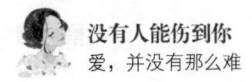

爱她，想与她长相厮守都来不及，怎么会以此为理由不娶她呢？如果有人这样对我说，我会毫不犹豫地大骂他混蛋！不爱就不爱，还拿这么恶心的理由敷衍我，我不能接受。

唯有一位女性读者这样回复：如果我的恋人对我说这样的话，我想他一定是有什么原因，如果他说出来，我愿意和他一起承担；如果他不说，我愿意一直守护……

假如我不是出题者，我想当我猛然看到这个回复时，我一定会感到汗颜。从这个回复可以看出这个读者对恋人的信任，在对待问题时的理性。但这种理性又有几个人能在突如其来的拒绝或打击中产生呢？

爱得好好的两个人，突然有一个人做出了违背常理的决定，另一个听到后第一反应愤怒、伤心、回避，冲动地做出任何行动都可以理解，但若信任对方，相信彼此的情感，也一定会理解对方所说的每一句话，所以这位读者继续说，"相信他做任何决定都是为了我好，不舍得伤害我。"

因为太爱你，所以不娶你——我相信这种情况在生活中存在，但很少。如果这个逻辑成立的话，排除一种保护女孩的可能，比如男孩身患重病，或自觉与女孩在一起会影响女孩的发展，认为两人的感情不适合走入婚姻等因素，而压抑自己的情感（前面说的让自己深爱的花朵在众人面前美丽绽放，任人观赏碰触而掩饰自己的醋意），也不得不承认，真的还剩下一种可能——让爱延续。

——这就是第三类答复："我是Ann的话，我跟Bill一样，因为太爱你，所以不嫁你。"开始看到这个回复时，我以为回复者是"以其人之道还治其人之身"。她却回答不是，"也许Bill跟Ann都明白，拥有就是失去的开始。"

拥有就是失去的开始——如果不考虑Bill的动机，单从这句话来看是有道理的。随着时间的流逝，爱情中的激情成分也会逐渐消失。现在沉浸在浪漫激情中的情侣们，很难让激情一直持续下去。

第1章
相爱：总有办法在一起

爱情中的人，彼此的身体被对方唤醒，如脉搏加快、呼吸急促会增加激情，但人们不可能永远保持紧张的激动状态。就浪漫的爱情而言，当恋人变得熟悉时，大脑可能根本无法产生足够的多巴胺，所以即使你的恋人一如既往地完美，你也不能同样地被唤起。

对爱的理解会影响人们的生活。如果我问你，爱的感觉是怎样的，你也许会回答：爱是一种怦然心动的感觉，是一种就要跟他（她）在一起的倔强，是一种想要独占他（她）的欲望……没错，这都是爱的感觉，但爱远不止这些。很多人把爱情中的激情成分等同于爱。一旦激情没有了，就认为爱也没有了——这是一种多么残忍的想法。

激情是爱情中很重要的一个因素，很多恋人因为激情的消退而分手，但激情消失后，爱情就真的没有了吗？婚姻就注定是爱情的终结者吗？我们看到两位手牵手的老人在黄昏下漫步时，他们有爱吗？如果说爱情可以持续终生，那一定是相伴之爱。相伴之爱并不依赖于激情，所以更加稳定。它以深情的友谊为基础，包括相伴相随，有共同的爱好和活动，相互关注，一起欢笑。

在时间的流逝中，关系良好的夫妻早已有了相伴的默契，在这种爱中，虽然生活平淡，但他们的感受更加丰富，能体验更多的稳定感与安全感。爱人之间有各自的空间，但又是最亲近的朋友。我的一位四十多岁的朋友对他结婚多年的妻子很赞，老是念叨：陪伴是最大的爱！

一位朋友跟我说了一个很有意义的观点。他说爱情也"能量守恒"。两人在一起的爱情总量值是固定的，就看多长时间会消耗完。激情程度和时间长短互为消长。"过把瘾就死"和"细水长流"分别是两个极端。我觉得很有道理。

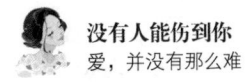

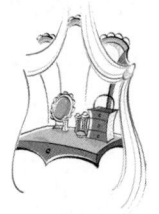

退而求其次的结婚对象

写《年轻,勇敢爱》的时候,我曾跟朋友说,恋爱从拒绝开始,开始就排除一些不适合自己的、不爱的对象。不爱就拒绝。

朋友们纷纷表示不认同我的观点。他们觉得"要多接触,也许以后会爱呢"!

当时,大家正在谈论一个女生的一段暧昧感情。我说,既然不爱他,就不要和他玩暧昧了!这时,马上有朋友反驳:暧昧也是爱的一种呀,介于喜欢与爱之间。如果太绝对化将来变"剩女"的概率就大了。

后来我才发现,我和朋友们考虑问题的角度不一样。他们考虑的是如何找到结婚对象,而我说的则是如何爱。虽然暧昧未必会产生真爱,但爱总是由暧昧开始。

> 你可以抗拒相亲这种"势利"的形式,但不要抗拒接触人的机会。只有多接触,自己的圈子才会逐渐变大。

三十四岁的女孩July现在孑然一身,在大城市工作,但是没有房子也没有车子。父母为她的未来担忧,希望她早点结婚,有个好归属。

一直以来都有人帮忙介绍对象,她都不愿意见,后来迫于各方面的压力,勉强相了几次亲,但一旦深入去了解对方的时候,内心就会产生厌恶感,她很清楚到了这个年纪，介绍的对象都是奔着结婚去的，每每想到这一点她就很不舒服。

闺蜜们都结了婚，有了孩子，她们常在她耳边说，"过日子就是这样的，差不多就行了。"她不能理解"差不多"到底是什么样子，总觉得随便找个差不多的人过一辈子没什么意思。她的抗拒让人在背后议论她不正常。

父母每天的唠叨，让她越来越急躁，她的朋友圈本来就很小，当朋友们都结婚生子后，就变得更小了。我非常理解她的心情，因为我也曾面临过这样巨大的舆论压力。就像我在《没有人能伤到你：做个内心强大的女人》一书中写过，人生就像四季，都有其自然规律。不同的季节有不同的使命。当你的季节和周围大多数人不同步、不协调时，你就会产生焦虑感，除非你有一颗非常强大的内心。

一个"独身主义者"如果很在乎他人的评价，表明他内心没有真正的独身信念。一个信念坚定的人，很少有内心冲突。一个人只有当他自己想做某事，而又落后于他人，且不知道如何做的时候才会焦虑不安。就像当初的我认定生孩子是女性自然发展的使命一样，当我的能力、现状与我内心的信念相悖时就会焦虑，而那些坚定的丁克主义者是不会因生育而烦恼的。

我相信July对婚姻和家庭是有期待的，只是不知道如何找到合适的对象。虽然她口头上说"我要单身一辈子""不结婚也挺好的"，但她知道这并不是自己内心深处的声音。

确实，相亲大多都是为了结婚而去，但这并不是有目的的相亲者的错，这是社会给予一代人共同的压力。你可以抗拒相亲这种"势利"的形式，但不要抗拒接触人的机会。只有多接触，自己的圈子才会逐渐变大。

其实，在大都市中，三十多岁未婚的青年男女很常见，婚龄推后已经是一个普遍的社会现象。很多单身青年本身并没有那么着急，但是当介入旁人的评价和家人的催促后，就变得烦躁不安了。我对July说，家人的催促确实会让你更有压力、更烦，但不管怎样也请试着去理解他们。可怜天下父母心。这一点可能只有当自己成了父母，才会真真切切地理解。当然，

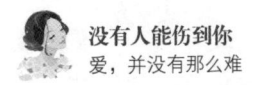
没有人能伤到你
爱，并没有那么难

在众多压力下能坚持自己的内心，是很难的。别人都觉得满意的对象，你不一定喜欢，也未必适合你，因为过日子的是你，而不是别人。

有人说，找个靠谱的人一起过日子就行了，只要自己不反感对方，对方对自己好就可以了。这种想法我并不反对，而且我相信在这种婚姻中的人也能获得幸福，但如果婚姻中缺少爱情，终究是一种遗憾。

况且，有些人迫于年龄和舆论的压力，找了个"差不多就行了"的对象，刚开始相安无事，日子还过得去，时间一长弊端就出来了。缺乏爱情基础的婚姻就像没有地基的高楼大厦一样岌岌可危。有的大厦虽然没有倒下去，但一辈子都在倾斜中。

那么，我们该不该跟不爱的人谈恋爱？July问我，"爱可以转变为不爱，那不爱可以转变为爱吗？"

"当然可以呀！"我几乎脱口而出，"日久生情就是。比如刚开始不爱这个人，觉得对方不是自己的菜，但后面慢慢接触，发现对方身上有很多闪光点，于是慢慢就爱了。"July半信半疑。

关于这个问题我后来又想了很多，你可能会发现身边有某位默默为你付出的异性，他（她）外表也不差，家庭条件也不错，对你更是体贴有加，你跟他（她）也有讲不完的话，可是，你对他（她）就是没有男女之情的欲望，没有来电的感觉，身体更是没有积极性。不爱，确实不能转变为爱！日久生情是说开始还没发现自己爱上对方的理由，并不是开始就判了"死刑"。生活中很多夫妻开始都是"不打不相识"，慢慢的从"不爱"变成了"爱"。所以，我特别鼓励单身的女孩多参加一些活动，扩大自己的朋友圈子，没准她们的真爱就隐藏在某个不起眼的角落里。

无论怎样，婚姻是一种生活状态，并不是一生中必须要完成的任务。很多人想结婚是因为已经感到孤单，需要有人陪伴，那么就积极地去寻找好了；也有的人认为结婚就会失去单身的自由，一个人过一辈子也不错，那就一个人过好了。关键是你心中有怎样的信念。

第 1 章
相爱：总有办法在一起

当你听到"你是一个好人，可我们有缘无分"的时候，就可以做好放手的准备了，何必去纠结"为什么无分""我是好人，你为什么不跟我继续"这样的问题。

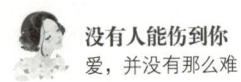

没有人能伤到你
爱,并没有那么难

很多人把爱情中的激情成分等同于爱。一旦激情没有了,就认为爱也没有了——这是一种多么残忍的想法。

第❷章
相处：
爱得不够还是性格不合

"即使你不是最好的，却是我要珍惜一辈子的，只是我不懂如何去珍惜。"

相爱却不懂相处，是爱的最大悲哀。

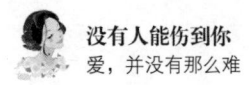
没有人能伤到你
爱,并没有那么难

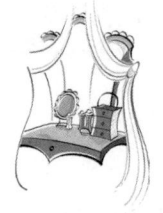

爱得不够,还是性格不合

彼此在一起之后,幸福的日子从此就来临了吗?

婚姻给人的幸福感一般在最初几年最明显,随之逐渐变弱。因为两人从恋爱到结婚,从此生活由"谈恋爱模式"切换到了"过日子"模式。慢慢地,问题就来了。

性格不合,在分手理由中应该列为榜首了。它简单、容易解释,重要的是能堂而皇之地掩盖很多说不出口、不愿意说出口和懒得说出口的真实情况。

事实上,人们之间的性格是怎样从"合"到"不合"的呢?

> 不要把着眼点放在性格不合上,越是这样暗示自己,越会对对方不满,越对感情没有信心。不如多提醒自己,你们的感情是否需要再加点爱,因为只要有爱,一切都好说。

曾有一位女性说和丈夫性格不合,经常为一些小事吵架,她实在不能勉强下去了,烦透了。她举了个例子,说自己是急性子,他是慢性子,她在厨房炒菜,让他剥一头蒜,菜都出锅了,而他还粘在沙发上没起来。

我问,你们谈恋爱时,他也这样吗?她说是。我又问,那时你怎么能接受他呢?她想了想,说那时候没意识到这也是个问题。我说,也许那时候你爱他多一点,所以你能接受。有没有可能后来你没那么爱他了,所以不能接受？她想了一下，然后拼命地点头说，有道理！

当不够爱一个人的时候，我们往往会更多关注他（她）身上那些不好的地方和变化，而忽视自身的变化。如果她能接纳他的话，她不会说彼此性格不合，即使她在厨房炒菜，他在沙发上躺着玩手机，她也不会觉得有什么不对。她完全可以两刀一拍自己就把蒜搞定，然后美滋滋地把用爱烹饪的美食递到他的嘴边。

这其实是个归因问题。婚前，他的"慢"被她理解为"细致"，而婚后不知不觉就被理解成了"磨蹭"。所以，以前她没发现彼此性格不合，而现在"发现"了。

当我们喜欢一个人的时候，所有的一切都会往好的方面解释，而不那么喜欢的时候就会往不好的地方解释。也就是说，当你对对方满意的时候，一切都是合拍的，那些不合拍的地方，也被你自动地接纳、迁就和容忍了，而这些微妙的情况连你自己都意识不到。

生活中我们曾见过这样的场景：一个女孩被一个男孩追求，男孩为她写情歌，每天都抱着吉他在她宿舍楼下唱歌。男孩的行为让女孩的室友们个个感动万分，但女孩却说这个男孩"有病"。显然，这个男孩不是她喜欢的人，否则她会特别感动，并用心接受。可见，同一件事，我们的态度如何取决于爱、不那么爱、还是很爱。

当爱的激情退却后，不是他没那么爱你了，而是你们彼此都没那么爱了。比如，很多女性抱怨丈夫没以前那么爱自己了。此时，如果自我觉察能力好的话，可以反思一下自己，注意自己是否早已暴露出了"不爱的痕迹"？是否自己对丈夫也有不耐烦的时候？是否自己不再维护自己在丈夫心中的形象？是否把注意力都放在了孩子身上，让他缺爱？

有时候，你觉得你们性格不合，未必是真的不合。本来人与人之间的差异就很大，或急躁、或沉稳、或开朗、或内向……而且两个大脑对信息的加工方式也不一样，有差异当然会有分歧，即使那些琴瑟和鸣的夫妻也

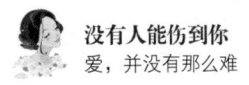

只是相对而言的。

我并不排除有性格不合而日子过不下去的夫妻，但"性格不合"这个词确实会误导很多人。不要把着眼点放在性格不合上，越是这样暗示自己，越会对对方不满，越对感情没有信心。不如多提醒自己，你们的感情是否需要再加点爱，因为只要有爱，一切都好说。

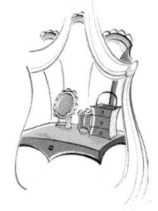

现在你喜欢的，也许是将来你憎恨的

人为什么会变？为什么曾经深爱的人会变成陌生人？为什么现在你看到的他（她）完全不是当年的他（她）？问题究竟出在哪里？

Caro三十岁时嫁给了她的高中同学。

一直以来，平平淡淡的她苦等自己的爱情，有一天突然发现冥冥中还有一位优秀的"剩男"等着自己呢！这位男士就是她的高中同学，为人厚道，而且有很强的工作能力，关键是还对她非常热心、体贴，什么事情都让着她、宠着

> 恋爱的时候，对方身上什么都是好的，恨丈夫乱花钱的妻子可能正是因为婚前看中了丈夫的慷慨大方而以身相许；讨厌妻子直话直说的丈夫，可能正因为婚前看中了妻子的坦诚大方而倾心于她。

她。她对这位生命中姗姗来迟的白马王子相当满意。还记得当时与她聊天,她的表情坚定地告诉我,她如获至宝,这就是她命中的缘分。

几年后,一次朋友聚会,我又碰到了她。她说丈夫与朋友合伙开了一家公司,别人投资金,他投技术,而且他有绝对的优势,但他一点都不懂得争取自己的利益,什么好处都让别人占了。他窝囊、没用……要是他强势一点的话,他们的日子比现在要舒服多了……

丈夫的个性以及为人处世的风格没有变,但她对他的评价却发生了天大的变化。以前他在她眼里的那些优点现在统统变成了缺点,他的厚道、谦让变成了窝囊、无能。

当然,这不是女性独有的评价特色,男性也会如此。有一位男士说很不喜欢妻子胆小、盲从,什么事都为别人着想,而不顾自己的家人。我问他,你们恋爱的时候她也是这样吗?

事实上,七年前,他在最无助、最失落的境况下遇到了妻子。当时她对他照顾有加,她关心他,体贴他,照顾他,爱他……正是她所做的一切打动了他,吸引了他,让他感到温暖,才决定娶她为妻。而他现在所讨厌的,却正是当初自己被吸引的。她没变,变的是他的心态和要求。

生活中,很多褒义词和贬义词,表达的意思几乎一样,但因人们的期待不一样而有了褒贬之分。比如,懦弱—善良、谨慎—胆小、精明—奸诈、大方—挥霍、谦让—无能……细细想想,这些词之间是否有很微妙的关系?人们站的立场不一样,褒贬就不一样。

恋爱的时候,对方身上什么都是好的,恨丈夫乱花钱的妻子可能正是因为婚前看中了丈夫的慷慨大方而以身相许;讨厌妻子直话直说的丈夫,可能正因为婚前看中了妻子的坦诚大方而倾心于她。

有的男生这一秒很享受女朋友对自己的依赖,在自己面前小鸟依人的感觉,可下一秒就认为女朋友应该独立自主,凡事自己拿主意。怎么可能?他们一方面觉得女朋友应该单纯一点,一旦女朋友在外面受骗,又大

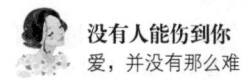
没有人能伤到你
爱,并没有那么难

骂女朋友没长脑子。

人的气质品性具有稳定性,而且人们也无时无刻不在维护着自己的态度和行为上的一致性。丈夫不能期望妻子对自己温柔体贴,而对别的男人蛮横霸道;妻子不能期望丈夫在自己面前老实本分,而在别的女人面前世俗势利;丈夫不能期望妻子在自己面前充满女人味,而在别的男人面前是个女汉子;妻子不能期望丈夫在自己面前幽默风趣,而在别的女人面前枯燥乏味……

除此之外,人们的角色和位置也影响着彼此的评价。恋爱的时候,恋人间会心甘情愿地为对方付出,对方给了一点,你都觉得应该珍惜,甚至受宠若惊。当彼此生活在一起,你付出的越来越多,却也开始计较回报的多少,当对方所给予的或付出的没达到你的预期时,你就容易不满意,并满腹抱怨。

有一位女性跟我抱怨丈夫每天玩游戏,而不管家事,让她非常苦恼。我问他们是怎样从认识到结合的。她说,他们几年前在游戏中认识,当时在游戏中觉得他很讲义气,很豪爽,人也诚实,就认他当了师傅。他经常领着她练级,她对他的好感也与日俱增,慢慢地,他们就有了感情,然后就结婚了。

说到底,不是他变了,而是环境变了,角色变了。妻子对丈夫不满,不是丈夫哪里做错了,而是妻子的要求提高了,生活对他们的要求提高了。她认为丈夫结婚了就不应该再玩游戏,或许丈夫却认为电脑游戏是他一辈子的兴趣。

有读者问我,"嫁人的话,要看重物质条件吗?还是对方老实本分对自己好最重要?"这个问题我给不出答案。现在你需要他老实本分对你好,会选择后者,一旦将来你觉得物质重要了,你或许会嫌弃他的老实本分对你好。你宁愿他不那么老实本分,而是精明能干会为你挣钱。我们做出的很多选择或许只能保证当下的满意,无法保障今后。

第2章
相处：爱得不够还是性格不合

你现在喜欢的，也许是将来你所憎恨的；你现在憎恨的，也许是你曾经深爱过的。

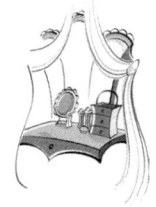

没有给你，是因为他没有

他没有达到你的期望，没有满足你的需求，有时候并不是他不想满足你，而是他真的无法满足你。我相信，但凡自己手中拥有，当爱人需要的时候，我们都会给予。

两个乞丐为何要为碗里的剩饭打得头破血流？但凡他们不缺，也不会拼命去抢。有时候我们给不了彼此，并不是不愿意给，终究是因为自己没有。可惜世间很多人总为自己没有得到而耿耿于怀，质疑、不满、难受也因此而产生。

不要企图从一个贫穷者那里得到物质财富，从一个初出茅庐的人那里

> 你若真的爱他，就耐心地等待，等他拥有的时候再给你，那时候不仅你能感受到他的爱，他也能获得满足你之后的满足感。你若不愿等待，注定会给他施加压力，你的急躁会影响到他。这同样也是在给自己压力，因为你施加给他的一切最终都会反弹到你自己身上。

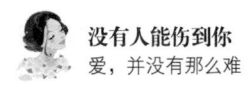
没有人能伤到你
爱,并没有那么难

得到人生经验,从一个自卑的人那里得到自信。你希望从对方那里获得的东西,首先看看他有没有,倘若没有,就没必要纠结于此。

你若真的爱他,就耐心地等待,等他拥有的时候再给你,那时候不仅你能感受到他的爱,他也能获得满足你之后的满足感。你若不愿等待,注定会给他施加压力,你的急躁会影响到他。这同样也是在给自己压力,因为你施加给他的一切最终都会反弹到你自己身上。

糟糕的是,人们往往看不到这一点,一心只想着自己快点得到,或是怀疑对方爱自己不够,或是责备对方无能,而不去想对方的苦衷。

Derry的烦恼是,丈夫Ohm总是挑剔她。本来来自农村的她,生活在这个大城市,跟身边的朋友们相比就已经自惭形秽了。丈夫还总说她不会穿衣打扮,工作能力差,朋友圈子窄等。丈夫的打击让她更加不自信了。"你凭什么挑剔我!你又何德何能,凭什么看不上我!"Derry有时候也在心里愤愤不平地这样想。

其实,在自己的心中,她并不像Ohm说的那样一无是处。她的工作很有创造性,虽然她也经常会迷茫,但她骨子里有着一种闯劲,而且自尊心超强的她也不愿意服输,她的工作也经常能带给她一些喜悦感和成就感。同事和朋友们也经常夸赞她,而她却从未从Ohm身上得到过肯定。

给她鼓励和帮助最多的是他的领导Jim,Jim就像个心理医生一样,在她最迷茫的时候给她信心,安慰她,为她分析当前的境况,帮助她规划今后的工作道路。无论她自己感觉多么糟糕,他总是微笑着鼓励她:"我看好你!你要相信自己!"当她遇到棘手的问题时,他绝不会像Ohm一样说她那么笨,而是首先让她平静情绪,然后想一些行之有效的解决方法。他还会用自己年轻时候的经历来现身说法。他让她获得了自信,变得从容淡定。她的能力也不断提高。

她经常暗暗拿Jim和Ohm比较。人跟人差距怎么那么大呢!肯定和鼓励一个人有那么难吗?Ohm不光不给予自己,反而还要把她身上的那点自信

第 2 章
相处：爱得不够还是性格不合

都夺走！

后来有一件事，让Derry的想法改变了，他开始谅解Ohm。

那是一个新年的前夕，Ohm的心情非常好，这一年他的业绩很不错，年终时得了一大笔奖金，而且在公司即将面临提升。他周末拉着Derry去逛商场，他要给她买新年礼物。

漂亮的衣服往往价格不菲，Derry根本不敢试穿；她愿意试穿的那些，Ohm不是说老气，就是说不适合她的身材。最终Ohm挑了一件深蓝色的毛呢大衣递给她。这件衣服的价格差不多是她衣柜里所有衣服价格的总和了。

这件名牌衣服就像专门为她量身定做的一样，穿上它后她整个气质都变了。Ohm像看天仙一样看着她，最后执意将衣服买下来，说这件衣服显档次，更能显出她的身材——这几乎是有史以来他第一次赞美她的身材。

这时，她突然意识到，Ohm给予她的时候，他是快乐的。以前他没给她并不是他不愿意，而是他没有。只有当他自己足够富有的时候，他才会给她物质满足；只有当他有足够自信的时候，他才会给她赞美。当她缺乏自信，工作上迷茫的时候，没准Ohm也正为自己的工作而焦头烂额呢，又怎么顾得上她？倘若让Jim倒退一些年，回到当初他没有的时候，他也未必会像现在这样给她这些。她开始深深地理解Ohm。

这些年来她一直纠结的问题仿佛也突然找到了答案：Ohm一直吝于赞美自己，是因为他自己也很少得到赞美。他的心中本来就缺乏赞美，怎么会去赞美别人？

然而，她自己不也是这样吗。她很在意从Ohm那里获得认可、信心和赞美，也源于她自己正缺乏这些。回想起自己与Ohm相处的这些年，又何曾主动赞美和夸奖过他？

原来，给没给，与爱不爱，有时真的不能划等号。

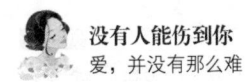

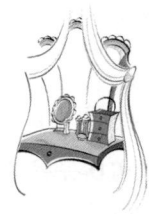

创造爱，而不是一直消耗爱

俗世中，爱一个人，并不一定会让对方感到舒服，有时反而会让其感到难受。爱是一种狭义的情感，一个人所做的一切都是围绕自己的感觉体验而进行的。

当然，这是一种不成熟（或不恰当）的爱的体现。就像小时候，如果班上某男生喜欢前座某女生，他未必会为女生占座位、提水打饭，而是上课的时候总是去揪女生辫子，女生越是疼得哇哇大叫，对他恨得牙痒痒，他就越高兴。当所有人都赞美该女生的时候，他却在一旁挑剔她——这也是一种爱的表达，只不过不讨人喜欢。

男生其实是为了在女生面前表现自己，引起女生的注意。在成年时期的爱情和婚姻中，这种表达方式也非常常见——不是不爱，只是方式不对。

"爱"若与"肯定"和"建设性的批评"并存，才会让人舒服。这样的爱会牢固，会持续更长。要想得到对方的肯定，请先主动肯定对方；要想得到对方的爱，请先主动示爱。这不是一个心灵鸡汤式的安慰，而是一种处世方式。需要记住，每个人都在寻求肯定、肯定和肯定。每一个生命来到这个世界上，都是为了寻找自己存在的意义，

> 要想得到对方的肯定，请先主动肯定对方；要想得到对方的爱，请先主动示爱。这不是一个心灵鸡汤式的安慰，而是一种处世方式。

希望自己是有价值、有理由存在于这个世界上的，所以都力图得到更多人的接纳、肯定和支持。

有一对夫妻，妻子总觉得丈夫太窝囊，身上有不少缺点。性情温和的丈夫很少与她针锋相对，而是默默地等待发落，要不然就避开她的唠叨。

打击别人，有时候确实可以显得自己高明。这位丈夫一直处于防守状态就不可能主动进攻了，因而妻子的缺点也不会轻易地被丈夫拿出来说事，即使被他拿出来了，她也可以用他的那些缺点与对方抗衡，至少能和他打个平手。

妻子一直传递给丈夫的信息是，他无能、懦弱、没进取心，而丈夫的任务就是解释或证明自己不是如此（也可能到最后他懒得向她解释或证明，彼此无话可说）。丈夫一直得不到她的肯定，她也别想从丈夫那里得到一些温柔、贴心的情话。

很多夫妻都处于这样的相处模式中：因为某些原因A不断否定B，B不断证明自己；A再否定，B再证明自己……结果不仅两人都焦虑、紧张，过得辛苦，彼此的距离也渐行渐远。

只有在缺爱的环境中大家才会抢夺爱。如果大家都在消耗爱，而不去创造爱，婚姻中的夺爱大战就会一直持续。

这位妻子对丈夫如此恨铁不成钢，其实她自己到底又有多优秀呢？真的是丈夫配不上她吗？未知！很多女性结婚后上进心突然陡增，只不过这种上进心都用在了丈夫身上。很多时候，她们把丈夫逼得步步高升，自己却始终原地打转，而这种逐渐增大的差距最终又反过来造成她们的焦虑。所以，有时候我想，挑剔别人不如多挑剔自己。

挑剔和打击一定会影响彼此的情感。我们都愿意和充满正能量，能带给自己力量和希望的人在一起，而那些整天挑三拣四，满腹抱怨的人，我们会不由自主地远离。你应该知道，只有一个真正开心的人才会带给你快乐；只有一个真正自信的人才会带给你信心。

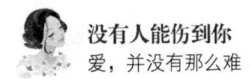

有一个现象，在朋友圈里很常见，如果一个人主动对另一个人说"你今天看起来很精神呀"！另一个大多会回复"你也不错呀"！同样，如果一个人主动对别人说："你这个人太差劲了！总是喜欢迟到！"他得到的反馈大多也是负面的："你也好不到哪里去，还说我！哼！"

人际关系中的相处原则很多都可以搬到亲密关系中，但正是因为亲密，所以大家忽略了很多必要的细节。天天生活在一起的夫妻，其实更在意对方对自己的正面评价（事实也证明，彼此欣赏的爱人，关系会更加稳固），而承受不了像老朋友那样的戏言。比如上面的对话，老朋友可能会回复："那是，谁像你呀！邋里邋遢！"老朋友之间越相互打击，越显得关系亲密，而夫妻之间这种戏言有可能会被当真，进而影响到彼此的关系。

强化对方的优点会让对方变得更加积极，而强化对方的缺点只会让对方更加消极。亲密关系中的两人既是一个共同的利益体，同时也是两个不同的个体，有各自的自尊心，有各自的需求要满足。如果想要从对方那里得到什么，首先请给予对方什么。

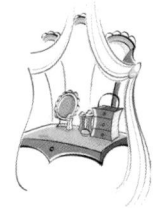

你为什么总是被挑剔

"他为什么总喜欢否定我?""我为什么感受不到他的爱?"

理想的亲密关系大多是彼此接纳、相互欣赏的。在一个充满鄙视和责难的气氛中,你能想象会过得有多么不愉快。

Sandy总是被丈夫挑剔和责骂,她说:"每当我做错了事,他都会骂我,而且骂到我一文不值。大多都是一些小问题,又不是什么逆天大祸,不可收拾。我知道自己错了,可是只要他好好说,我会道歉,然后想办法解决,可他就是对我非常'严格'。每吵一次,我对他的厌恶感就增加一些。只要他在,我的日子就提心吊胆,怕自己又会做错什么被他骂。有时候,越小心翼翼,越害怕犯错,错的概率就越多。在他的人生中就只有对和错。爱情里也一样,只要他认为是错的,你就是错,什么理由解释也是白费。现在我真的很想离开他。我怀疑我们彼此是否还有爱。"

我非常理解Sandy,我们每个人都不喜欢被别人否定,特别是被自己在乎的人一再否定。有意思的是,我身边很多女性朋友都遇到了这样的问题,她们和朋友相处时自我感觉良好,很自信,可是在家中无论怎么做都

> 当他承认别人比自己好时,就意味着他要承担别人嫌弃自己而疏远自己的风险,所以他会先发制人。而当他说出别人的缺点时,他的比较压力就会变小,自我感觉也会更好。

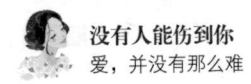

不能让丈夫满意。特别是我有一位工作出色的女朋友,外表气质不错,又能说会道,有不少追捧者把她捧到天上,夸奖她,恭维她,可她一回到家中就被丈夫打回原形,这件事没做好,那件事不应该那样做……这种心理落差实在太大。

我的优秀,我最希望被我在乎的人看到,可所有的人都看到了,唯独他没看到。问题究竟出在了哪里?

第一,也许在生活中,我们真的需要改变自己的一些做事习惯、做事方式等。先让所有的情绪归零,然后冷静客观地想想对方的批评是否有道理,自己是否真的可以改进。比如对方说你做事马虎,你可以判断自己是否真的可以再认真一点。这样对自己也会有提高。虽然我们都不喜欢被批评、抱怨和责骂,但正是这些负面的东西加快了我们优化自己的进程。

可是,为什么别人都说你好,就他说你不好呢?和朋友相处时,朋友看到的大多是你刻意展示出来的一面,而和丈夫相处,他看到的却是全方位的你。在朋友面前你可能会展现出优美的坐姿,一颦一笑都有分寸,可在丈夫面前,你可能经常披头散发地躺在沙发上抠鼻孔。所以,客观地说,丈夫对你的评价可能更真实。

第二,有时候一个人打击另一个人,并不是对方做得有多么不好,而纯粹是一种自我保护方式。人们保持心理优势的方法有两种,一种是强化自己的优点(自己向上走),另一种是强化别人的缺点(把别人踩下去)。通过打击对方,让对方感觉到不如自己,这样就能具有很好的心理优势。同时,打击别人的人并不是真的看不上别人,而是不愿意失去对别人的控制。当他承认别人比自己好时,就意味着他要承担别人嫌弃自己而疏远自己的风险,所以他会先发制人。而当他说出别人的缺点时,他的比较压力就会变小,自我感觉也会更好。所以,有时候当你遭到别人的挑剔,也许并不是你的问题,可能是对方的问题。这也是前面说的,他没给你,并不是他不想给你,而是他真的没有。他连对自己的信心和赞美都没有，又何来信心和赞美给你呢？

你要知道当一个人总是挑剔对方的时候，这个人也许是在挑剔他自己。他对你要求高，可能是因为他自己从小在高要求的环境中长大，一旦达不到自己的要求就会急躁。他对自己的现状不满，但是又没有发现改进的途径，只能通过其他的渠道把这种不满发泄出来。后来了解到，Sandy就属于这种情况，丈夫的家庭条件并不好，父母经常需要他的经济支持，而且他自己在事业上刚刚起步，他们结婚后开了一个店铺，生意并不好，Sandy一出错，他就很急躁，他总把他的急躁带给她，把他对现状的不满投射到了她身上。他骂Sandy的目的其实不是骂Sandy，而是缓解他自身的压力。

你的强势能给你什么

有些女性有这样一种思想——我谁也不指望，我想要的，我自己去争取，根本用不着他给我，反正我什么都会做、什么都不缺。这种思想指导着女人们不知不觉就变成了万事不求人的女汉子。

在妈妈圈里，我发现一个很有趣的现象，很多有女儿的妈妈们都会很自豪地夸自家女儿是个十足的女汉子。"不喜欢穿裙子，喜欢冒险的活动，大声说话，超级能干……"妈妈们越说越骄傲。我觉得她们的潜意识

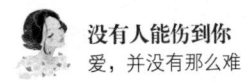

> 女人若太能干，把男人的事情也一手包办了，就会导致你的男人躲在你的背后，没有那些该有的担当了。

中多少有点"男强女弱"的思想，当女儿具有某些男性品质的时候，一方面她有异于一般普通的女孩，有点鹤立鸡群的意思；另一方面也能表明女儿能力强大，起码长大了不会受人欺负。尽管都在提倡男女平等，我始终认为男女有别。妈妈们大可不必将女孩们都培养成女汉子。

不可否认，越自信、越独立的人，越能快速地处理生活中的一些负性事件。现代社会，女性的权利和地位已经很大。女性有工作，有经济能力，有自己的朋友圈子，这些都能让女性不再依附于男性。然而，很多女性似乎把自己的独立和强势划上了等号，独立过头，在男性面前过于强势，对亲密关系的维持并没有什么好处。

读者Wang偶然发现丈夫有外遇，连他的信用卡附属卡都在小三手上。让她感到最气愤的是，这几年来他没有给家里一分钱，连女儿的学费都一直是她在支付。他怎么那么过分！

我问她为什么没有让他负担家庭开支。她说她的收入本来就比丈夫高，她觉得自己有能力照顾好自己和孩子。不光在家庭开支上她自己承担，而且女儿的学习和生活也几乎是她一人照料。她把自己和女儿的生活都安排得妥妥当当，她的生活计划里似乎就没有丈夫存在的必要，于是丈夫就自然而然去别的地方找存在感。

我们没有办法抗拒千百年来传统思想的影响，"男强女弱"的偏见是人们头脑中根深蒂固的东西。几乎每个男性骨子里都有一些大男子主义。很多女性固执地认为，打倒了他的大男子主义，就能彻底得到他的爱，那么在家中也会时刻占据主导地位。而事实上，女性的这种强势很可能导致对方越来越弱势。更糟的是，丈夫的大男子气概在妻子身上受到压抑，没有得到体现，可能会去别的女性身上展示。

她们没有意识到，当自己抱怨另一半懦弱无能的时候，自己的女汉子行为有什么不妥。她们的理由是，因为他弱，所以我才强。如果这也是一种因果关系的话，为什么不让自己种"因"，在他那里得"果"呢——因为你弱，所以他强。

尽管现代社会暖男如此之多，但我相信男性骨子里的阳刚之气，他们想要展示自身价值，想要成就一番事业，保护妻儿的本性不会被磨灭掉。虽然现在很多家庭看似女强男弱，但不得不承认，这个社会的主流仍然是男性占主导地位。社会赋予男女角色不同的意义，男性的男子气质不可能消失。社会对全职太太的评价很正常，而女性通常也乐意，甚至认为这是天经地义的；反之，社会对全职丈夫的评价会更苛刻，而且男性也会觉得有损自尊。

每个人，特别是男性都希望在他人眼里，自己是有价值的。当他从他人那里得到尊重，得到价值的体现，才能体会到满足他人后的满足感，而这种满足感又会伴随着愉悦感，再反馈到他人身上。这才是一种良性循环。

无论你是一位淑女还是一位女汉子，无论是在感情生活中，还是在一般的人际交往中，有一条准则有必要记住：让别人帮助你，也是给了别人价值体现的机会。你身边的人可能并不是你想象的那样好逸恶劳、冷酷无情，他们只是没有机会表达和实施。

有一句很绕口又很重要的话：满足别人满足你后的满足感很重要。这就要求女性们懂得示弱，尽管你觉得自己没那么弱。不要把所有的强大形象都往自己身上拽，留一点给对方吧。

一位女朋友说自己以前在家大包大揽，自从怀孕后，家里的什么事情都不管了。丈夫的表现让她出乎意料，以前她认为他不负责任、懒惰，实际上是他没有适当的机会表现（如果他发现这种机会是你刻意给他的，他不一定会接受；只有他觉得他应该这样做了，他才会努力去做）。现在他非常喜欢自己作为家里顶梁柱的感觉。女人若太能干，把男人的事情也一

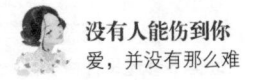
没有人能伤到你
爱，并没有那么难

手包办了，就会导致你的男人躲在你的背后，没有那些该有的担当了。

我们提倡的独立，并不是完全不依赖他人。我相信，离开了谁，你自己都可以过得很好，但这并不等于你一定就得一个人过。<u>示弱和依赖并非不独立，而是女性和男性相处的一种智慧。</u>

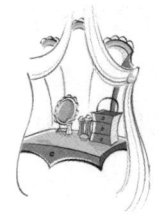

投入越多，要求越多

我们经常说，两人相爱，谁爱得多一点，谁就会受伤多一点。确实会这样！为什么呢？其实问题并不是出在对方身上，而是出在自己的期望值上。你爱得越多，你的要求就会越多，这一点，你自己也许意识不到，或是不承认。

最普遍的情况就是，"我那么爱你，为什么不爱我？""我到底做错了什么，你要这样对我？"即使你只是要求他像你对他那样对待你，这也是一种要求。在你看来这个要求是理所当然的，而且是最基本的，但对对方来说，或许是一种高要求。

在你的思维模式中，他（她）应该这样

> 你有九分爱他，他只有六分爱你，你不要求他有十分爱你，但你希望他同样给你九分的爱，可他就是不给——所以你受伤了。

做才正常、才正确，可是对方往往不能让你满意。这就是矛盾的根源。你有九分爱他，他只有六分爱你，你不要求他有十分爱你，但你希望他同样给你九分的爱，可他就是不给——所以你受伤了。

看看下面这个段子吧。

C一直认为D是自己的好朋友，或一直把D当成自己的好朋友。

C：在你面前我可以完全敞开自己，我和我的父母balabalabala，我最好的朋友balabalabala，我的童年balabalabala

D：我非常理解你，也非常喜欢和佩服现在的你，很感谢你对我的信任，我愿意一直做你最虔诚的听众。

C：你和你的朋友怎样？

D：……可以不说吗？

C：你怎么可以这样呢？我都把我的事掏心掏肺地说给你听了，你有什么不能告诉我的呢？

在人际交往中，有一个黄金法则：想要别人如何对待你，首先你要如何对待别人。在这里，C把D当成最好的朋友，当然也希望D把自己当好朋友，他希望对方与自己一样敞开心怀、剖析自己，所以他首先在D面前自我暴露。当然，他有自己的倾诉欲在驱使。

然而，当C对D毫无保留地展现自己时，D也真的会像C那样展现自己吗？未必，也就是说黄金法则说的只是一个条件，并不呈现结果。

如果结果让人失望，你会怎么办？"我对别人这样，别人就必须/应该这样对我"这是人际交往中的反黄金法则。现实中有多少人被这个问题困扰着。

我与读者的交流比较频繁，记得曾有一位读者联系上我后马上噼里啪啦跟我讲了一大堆自己的遭遇以及有怎样的心理，我们就他遇到的问题进行了一番讨论，之后，他对我的生活也比较好奇，问我跟先生的婚姻状况以及更隐私的一些信息。

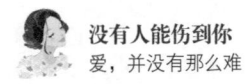
没有人能伤到你
爱，并没有那么难

我说，这些问题不方便在这里讨论。对方马上感到受伤害，连说，这不公平！我把那么隐私的事都告诉你了……最后我与他的聊天以他认为我对他的不信任而终止。对我来说，这是愿不愿意或有没有必要说的事，与信任无关，但他一定要用公平和信任来衡量，所以困扰他的是他自己。

他认为和我之间应该是一种等价的倾诉交换模式。当他吐露那么多心声给我，而我却不愿意对他表露自己的信息时，他会认为这不平衡，不舒服——我非常理解他心中的这种不悦感。确实，人与人之间的交往本质上都是一种等价交换，只有双方达到一种动态的平衡状态，彼此的关系才可能维持下去。现在，我不给（我的信息），我相信以后他也不会再给（他的信息），我和他的咨访关系可能因此而终止，如果他继续像要求他的朋友一样要求我的话。

一般的人际关系如朋友之间如此，爱人之间也是如此。我经常对读者说，你可以不对对方那么好，但不要强求对方一定对你有多好。我始终相信，平等的朋友关系之间，都是追求内心收支平衡的。当你不确定对方是否会投入，或能确定对方不会投入多少时，你可以先主动减少自己的投入，以达到你们之间的平衡。

如果对话这样继续下去，可能会更好。

C：如果你认为不方便，那就不说吧。

D：嗯，谢谢你的理解，真是善解人意。

从此以后，C可能不再在D面前balabalabala。下次如果D依然保持什么都不想说的话，C也不会感到"不公平"和"不信任"。但如果这样的话，C会不会自己憋得难受呢？C应该弄清楚一件事，她说出自己的隐私是为了与别人交换信息，还是为了释放自己的压力或解决自己的问题？

我很理解因为自己付出而希望别人也付出的人（包括我自己在内）。然而，要知道，有时候我们很难改变别人的思想行为，你认为自己付出了八分，但你不能强制别人也为你付出八分或更多。

况且，人与人之间本来就是有差异的，人们的个性不同，对事物的理解不同，加上所处环境的影响，不可能做到行为方式一致。你爱他，为他付出了那么多，当你觉得委屈的同时，或许他也在抱怨，为你付出得更多。因为在收支的问题上，每个人都有一把衡量的尺子，各自的刻度标准不一样。人们总习惯性地用自己的刻度去衡量他人。都认为自己对对方付出得多，可惜这把尺子毕竟不是物理上的，而是心理上的。要是每把尺子的心理刻度都一致，人际交往中或许能少很多的纠纷。

没有人能伤到你
爱，并没有那么难

婚前，他的"慢"被她理解为"细致"，而婚后不知不觉就被理解成了"磨蹭"。所以，以前她没发现彼此性格不合，而现在"发现"了。

第 2 章
相处：爱得不够还是性格不合

男生其实是为了在女生面前表现自己，引起女生的注意。在成年时期的爱情和婚姻中，这种表达方式也非常常见——不是不爱，只是方式不对。

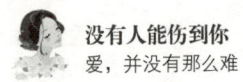

没有人能伤到你
爱,并没有那么难

她说出自己的隐私是为了与别人交换信息,还是为了释放自己的压力或解决自己的问题?

第❸章

性爱：
没那么受伤害

"只想躺在你怀里，把自己交给你，并让时间停止在这里！"

有爱的时候一定会有性冲动，但有性冲动的时候未必有爱。

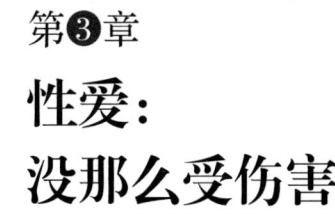

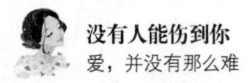

没有人能伤到你
爱，并没有那么难

你的出现，就是对我的诱惑

如果你很爱一个人，当他就在你身边的时候，你会有一种与他亲近的欲望和冲动吗？

我们喜欢一个人，总想跟他亲近，距离越近越好，到最后变成负距离，两人合二为一，彼此在对方的身体里存在。物理距离会影响心理距离。无论性欲是否得到满足，性欲本身就足以使人们认为爱情正在燃烧。有的恋人之间可能几乎是依靠性吸引力而在一起，那种快感就像吸食毒品一样，想戒掉都难。

早些年，对于性，人们总是不愿提及太多，觉得这个话题过于隐私，根本不该拿出来说。现在，人们的观念慢慢发生了转变，思想更加开放，对性活动也比从前更加随意。

当某件事，我们站在科学的角度去看，就不会遮遮掩掩、扭扭捏捏。记得我以前和闺蜜们聊天，大家关于情感、家庭、童年经历什么都能聊，唯独对性只字不提。不知从何时起，大家聊天的尺度慢慢变大，从爱聊到性："多久一次才算正常""没有欲望怎么办""男人都爱看情色片吗"，等等。一个人发起话题，其他人踊跃参与，原来大家

> 有爱的时候一定会有性冲动，但有性冲动的时候未必有爱。因性而爱的人们往往关系脆弱，而因爱而性的人，往往能加深彼此的爱意，并使关系更加稳固。

第3章
性爱：没那么受伤害

对性有那么大的好奇！

早几年我与读者的交流也是如此，几乎没有一位读者主动与我聊起性爱之事（那时我也不会主动问性方面的问题），现在大家都能坦然地谈起性，当婚姻出现问题会毫不避讳地考虑到"他的欲望太强，可能是我不能满足他，他才出轨""我很反感他的一些变态要求，所以每次性生活都很痛苦""他有ED（勃起功能障碍），我叫他吃药他还跟我急！"的确，很多夫妻关系不融洽，可能除了表面的原因外，还有性生活不和谐的"难言之隐"。

性欲是人类的一种自然需求，它的吸引力是鬼使神差，没有道理可讲。它在夫妻生活中占有相当重要的地位。如果问题真的出在这里，就需要正视它。

我们这代人小的时候，人们把性看得很严肃，听长辈们对女孩交代得最多的就是：女孩子要洁身自好，处女膜是女孩身上的瑰宝，不能失去贞操等。性更多的是与道德、繁衍相提并论；而现代社会，这种观念好像淡了很多，甚至如果某女孩三十多岁还是处女，周围人恨不得像看怪物一样看待她。而且随着社会包容度的增加，人们更加注重自我感受，开始重视性的愉悦功能。几乎哪里有爱，哪里就会有性活动。

性是一种动物性本能，就像饿了要吃饭一样，是一件很平常的事情，道德再高尚的人也会有肚子饿的时候。生理欲望的力量是强大的，只不过人类有道德感、羞耻感、社会规章等的约束，不能像动物那样为所欲为，而会自我克制。有的人饿得饥肠辘辘会继续忍住，有的人则会去偷东西吃，有的人会分散注意力减轻饥饿感。当性生活不满意时，人们的态度也大致如此。

和有感情的人在一起，性活动是自然而然的事情；和没有感情的人在一起，性活动也能发生，但会变得索然无味，甚至是一种羞辱。前者我们说是性爱，后者我们称之为性交。

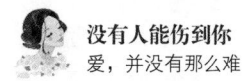

不管怎么样,有一个问题我们要弄清楚,有爱的时候一定会有性冲动,但有性冲动的时候未必有爱。因性而爱的人们往往关系脆弱,而因爱而性的人,往往能加深彼此的爱意,并使关系更加稳固。

所以,问题就来了,有女孩困惑,"他是看中我的身体而跟我在一起的吗?"我说,他对你没有任何性冲动,你会觉得他不够爱你;但当他过于放肆,你也会认为他不够爱你。韩寒有一句话"喜欢就会放肆,但爱就会克制"很有道理。不管怎样,爱你的人会尊重你,尊重你的选择。

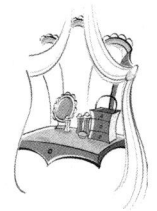

上床,到底谁占了谁的便宜

女孩B和男朋友的关系很好,两人一直发乎情止于礼。然而有一天,两人终究没能抗拒诱惑,尝试了性爱。

对于B来说,和心爱的人上床到底是一件好事还是一件坏事呢?这件事本是激情所致,水到渠成,可事后B仿佛又失去了什么,有种莫名的失落感。

女孩A对女孩B说:"男人和你在一起是有目的的,那就是上床,腻了以后就说不合适了!"B低头不语。女孩C不同意A的观点,说:"也有的男生一旦上了床之后,就对对方有责任感了……"

第 3 章
性爱：没那么受伤害

我问："我们经常说男女上床，男人就应该对女人负责，是吧？"三个女孩都拼命点头。我继续说："男女上床，是男人占了便宜吗？""嗯！嗯！难不成男人吃了亏？""女孩如果失了身就不值钱了。"

男女上床，确实女性的风险要高于男性。从身体构造来看，女性罹患疾病的概率要比男性大得多，

> 很多女孩有这样一种思想：我把身体交给了他，他就得为我负责。生理期进行性活动，一年做两三次人流是你自己的选择。身体是你自己的，为什么要让别人负责？何况，当你罹患妇科病，或意外怀孕后别人又能如何为你负责？

动辄妇科病缠身，要么因意外怀孕，流产打胎而大伤元气，一不小心还可能造成将来的不孕不育。另外，在一些传统观念的人看来，处女膜的丢失也是少女们最大的损失。

若客观一点看待问题，还要从两人为何上床开始讨论。如果出于胁迫、暴力的因素而上床，被胁迫的一方就是受害者，受害者有必要申请法律保护；而情侣之间的上床，大多是你情我愿，如果女生总认为自己是受害者，自己被别人占了便宜，抱着一个要别人负责的态度，最后受伤的必定是自己。

别忘了，性除了繁衍功能外，还有一个很重要的功能，就是愉悦身心。男性有性满足的欲望，同样，女性也可以体会到性愉悦。人们通常认为男性比女性有更频繁、更强烈的性欲望。这其实是社会文化氛围对男女两性的不同期望所造成的错觉。有研究者发现，男性和女性的性交频率很相似，甚至有的研究者认为，女性的性能力高过男性。

女性和男性上床，并不是为了满足男性的欲望，而应该意识到是自己希望得到性满足。否则，你就没必要跟对方上床，因为你不需要取悦对方。

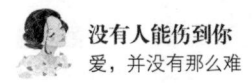
没有人能伤到你
爱,并没有那么难

女性是弱者的这种观念存在的时间太长了,影响了一代又一代人。上床是个人身心需要,而不是为了取悦他人。如果没有想好,或者自己没有需求,又或者担心上床之后的结果没法承受,就完全可以不答应对方,没有人可以强迫你。

排除以上原因,当你和对方发生亲密关系时你要承认,你是愉悦的。你是一个有自我感受的能与他互动的主体,你不是一个木头人或充气娃娃。在这个过程中不仅他得到了,你也得到了。何况,如果是真爱的话,男性也不会单纯的希望伴侣满足他。在性活动中,男性会因为自己让伴侣体会到快乐而快乐。

上床与否,是自己的选择,只不过很多女孩不愿承担上床的后果,而把责任推给对方。很多女孩有这样一种思想:我把身体交给了他,他就得为我负责。生理期进行性活动,一年做两三次人流是你自己的选择。身体是你自己的,为什么要让别人负责?何况,当你罹患妇科病,或意外怀孕后别人又能如何为你负责?

其实,我相信女孩们在上床之后,心理上的失落感可能更大于身体上的"损失",她们可以忍受疼痛自己去看妇科,而不能接受上床之后男友"飞走"。这往往也是她们衡量是否被占便宜的标准。若上床之后两人的关系一直好下去,女孩们绝不会说男友占了自己的便宜;若上床之后男生提出分手,则自己认为吃了大亏。

我身边有一位女孩,在外旅游时偶遇一位高大帅气的男生,两人几乎一见钟情,在旅游途中形影不离,并发生了性关系。两人非常默契地只发生关系,其他闭口不谈。旅行结束后,他们各自回到自己的城市。女孩马上就发现对方与自己终止了联系,男生有意删除了他们的各种联系方式。女孩顿时异常失落,感叹人情淡薄、世态炎凉。

她的失落其实是因为她对他有所期待,在与男生相处中,她超出了对性的渴望。除了性,她更有爱的期待——一份可以延续的关系。可惜,他们俩的爱和性根本就不是一回事。虽说二者最好相提并论，但也要弄清楚一件事，性是生理上的满足，爱是灵魂上的满足。二者在很多的夫妻生活中是相互矛盾又相互促进的。

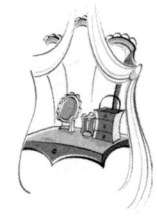

愉快的性爱是肉与灵的统一

如果说性爱是两人之间心灵和肉体的沟通，那么，很多女性在婚后，常常因为琐碎的家务缠身，而抽不出时间与丈夫进行"身心交流"。特别是她们生了孩子之后，更是把精力都投入到孩子身上，关注的焦点不再是丈夫，自己的性欲也逐渐下降，夫妻双方便少了一种亲密的沟通方式。

美丽又有才华的Dora，在工作上是独当一面的"高手"，在家更是好妈妈，对刚刚上幼儿园的儿子照顾和教育得非常好，可她的夫妻关系并不理想。她是一位很传统的女性，几年前她跟我聊起夫妻生

> 很多女性认为男人都喜欢被动、矜持、安静的女人，那只是表面。事实上，当在床上时，男性更渴望对方主动。当他们发出性爱信号的时候，他们希望得到对方回应；当对方发出信号的时候，他们会更兴奋。

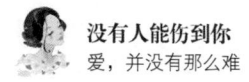

活时，我甚至怀疑她有些性冷淡。她非常反感丈夫在非性爱时间对她的抚摸，甚至不知道女性也可以获得性高潮。他们结婚五年后，丈夫为了找回性和谐，买回来一些性爱影碟和情趣内衣，却遭到她的鄙视，她完全羞于配合。

或许婚前女性的腼腆和矜持正是吸引她丈夫的原因，现在她身上那些神秘的东西都被丈夫了如指掌，激情已经消退。她的欲望被家庭琐事冲淡，可丈夫的欲望一直没有变。她经常说和丈夫性格不合，没什么交流，可我隐约感觉，性生活出现问题也许才是他们关系紧张的重要原因。

随着孩子的到来，他们的二人世界彻底消失。据她自己说，连每次做爱，都是趁孩子睡觉后，她提心吊胆地和丈夫进行"闪电"行动。因为担心孩子醒过来后难为情，还不住地催促丈夫动作要快。

她说难以理解为什么结婚这么久，丈夫的欲望还是那么强："看电视的时候，他就会凑到我身边来，摸摸我的胸部，让我很反感。孩子都这么大了，还像个毛头小伙子！"她只关注到自己"不想要"，而忽视了丈夫"想要"，她认为"都是老夫老妻了，性生活减少"是正常的，丈夫"隔三差五都想要"是不正常的。

没有什么性欲望的女性对丈夫来说，也是让其充满了苦恼的。有一位男性说妻子，"每当我充满激情地对她发出请求，她总是要扫兴地拒绝。不是因为孩子还没睡、电视没看完，就是因为碗还没洗、地还没拖。等孩子睡着，电视看完，碗洗干净，地拖干净，关灯睡觉的时候，我一点欲望都没有了。"

这样的情况下，很难想象会有什么快乐的性爱感受，况且，一个人的欲望得不到满足很容易引发新的问题。性是一种生理需求，如果长期得不到满足，出轨的概率就会增加。

性爱和性交是有区别的。如果没有感情投入，没有快乐体验，只是完成任务，解决生理需求，就是性交，与动物的交配没什么区别。人类完美的性爱应该是双方的需求满足，双方都体验到快乐，并不是一方需要就满足，不需要就不给予。

很多女性认为男人都喜欢被动、矜持、安静的女人，那只是表面。事实上，当在床上时，男性更渴望对方主动。当他们发出性爱信号的时候，他们希望得到对方回应；当对方发出信号的时候，他们会更兴奋。性活动是一个互动的过程，爱人间愉悦的性活动能促进彼此对下一次性的渴望。

当然，人不可能任何时候都可以做爱或想着做爱。每个人性欲的高低受激素水平、压力和健康状况的影响。假如你此刻在床上只想睡觉的话，你可以很坦诚地说"我太累了，我只想拥抱"，而不是一下子就将他推出门，让他弄清楚你是在拒绝性而不是拒绝他。

婚姻不仅仅意味着责任、忠诚，它还有另外的一些名字——享受、高潮、灵与肉的统一……

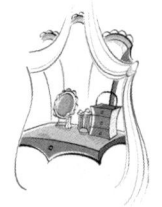

真的性冷淡了吗

不是没感情，而是真的没兴趣——这样的情况往往发生在"老夫老妻"身上。一方有欲望，另一方又不能满足他的欲望，问题就来了。

Wen和丈夫结婚20年，进入中年期的她好像都没什么性欲望了。丈夫

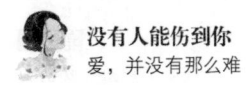

主动给她买一些情趣内衣,开始还有一点刺激,后来无论怎样都不能激起她的兴趣了。有时候甚至因为不够润滑产生的疼痛让她反感做爱这件事。丈夫有时候会埋怨几句,说她不解风情,似乎把责任都归在她身上。他们之间的性活动也经常因为她的"不配合"而草草收场,以致到最后丈夫对她的身体也没办法产生反应了。她知道自己并不是有意不配合,而是自己真的没感觉。

她有时候也想:才不到40岁,难道就真的性冷淡了吗?别人不是说三四十岁的女人如狼似虎吗,我到底出现了什么问题?

在她的头脑中冒出了一个疑问:我只是对丈夫没有欲望,还是对异性都没有欲望?于是,她有了一个充满挑战的念头。她要做一个测试,来检测自己到底是否正常。

终于有了这样一个机会,一次单位的舞会上,她与一位有好感的异性在昏暗的灯光下跳舞。两人贴得很近,轻缓的音乐中多了一丝荷尔蒙的味道,那位异性突然做了个挑逗的动作,在她的细腰上轻轻地捏了一把,她顿感自己的呼吸和心跳变得急促,有一种想要与之接吻的冲动。这种激情的感觉真是久违了。

> 一位女性与丈夫在新婚头几年中性生活和谐,且具有强烈的性渴望,几年后这位女性发现自己不再有性需求,这就说明她的性欲已经减退,或是具有性功能障碍吗?不是,很可能与性对象的新奇感消失有关。

这次舞会后,她清楚地知道自己并不是性冷淡。在他们夫妻的性问题上,只是时间冲淡了他们的激情。就像丈夫对她的身体不再有兴趣一样,她对丈夫的身体也失去了兴趣。

从心理学的角度来看,爱人之间新奇感的消失会逐渐导致性欲的消失,而新的性对象又能引起性唤起。好比,某漂亮女星的丈夫被曝嫖娼被抓,很多人不能理解:家里那么漂亮的妻子还不能满足他么，外面的女人远远不如他的妻子漂亮呢！

性科学确实应该普及。恰好之前在一位著名心理学家的指导下，我写过一篇相关文章，到底哪些因素会影响女性的性欲呢？

第一，一个人的性欲与遗传因素有关。

性欲受体内雄性激素的影响，人与人之间会有一些差异。有的女性生来感觉不到自己的性欲求，在性活动上表现得被动或退缩、冷淡，甚至厌恶，而有的女性则性欲强，很容易被性唤起，甚至亢奋。男性的睾丸会分泌雄性激素，女性的卵巢以及肾上腺也会分泌雄性激素，虽然女性产生的雄性激素要比男性少很多，但这并不意味着女性的性驱力就弱于男性。由于女性的机体对雄性激素更加敏感，因此，她们的性驱力水平和男性差不多。

第二，人一生中，性欲的高峰期有差异。

男性的高峰期普遍为18~30岁，而女性则在30~40岁性欲和性感受达到巅峰，性幻想也更激烈和频繁。现实生活也表明，此阶段的女性在性爱上更有"贪欲"，因而民间也用"如狼似虎"来形容这一阶段的女性。但随着年龄的增加，特别是更年期后，女性体内雄性激素逐渐减少，皮肤反应迟钝，性器官血液循环较差及生活压力都使其性欲减退。一些女性往往通过补充雄性激素来恢复性欲。

第三，婚姻中性欲减弱与性对象有关。

一位女性与丈夫在新婚头几年中性生活和谐，且具有强烈的性渴望，几年后这位女性发现自己不再有性需求，这就说明她的性欲已经减退，或是具有性功能障碍吗？不是，很可能与性对象的新奇感消失有关。

在心理学上有一个"柯立芝效应"，研究者把两只处在发情期的公鼠和母鼠关在一起，公鼠会多次与母鼠交配直至筋疲力尽；然而如果用另一只处在受孕期的母鼠代替第一只母鼠，公鼠又会重新焕发兴趣和活力，扑身而上与之交配。这样不断地以新母鼠代替前面的母鼠，引发出的公鼠射

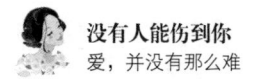

精次数要两三倍于它只与同一只母鼠关在一起的情形。

调查显示,夫妻间性活动的平均频率在婚姻的过程中是持续下降的,而再婚,或更换伴侣的人却增加了他们性活动的频率,至少在一段时间内是这样。

第四,情绪和环境变化也会影响性欲。

现代社会竞争激烈,女性一方面要照顾家庭,另一方面又要工作,长期处于紧张而充满压力的状态,难免会产生一些负面情绪,如焦虑、抑郁等。这些负面情绪会严重影响性欲和性活动的频率。

在一个家庭中,夫妻的关注点和注意力被分散,也会影响彼此间的吸引力,进而影响双方的性渴望。比如,一些家庭中,夫妻结婚后几代人共住一个小空间,且隔音效果太差,在性活动的时候外部干扰较多,女性往往就会顾忌较多,这会影响到性质量,或使女性产生性压抑;再比如很多家庭中随着孩子的降临,原有浪漫的"二人世界"被"三人(多人)世界"所取代,女性将注意力放在孩子身上,无暇顾及丈夫;同时,夫妻间性活动的条件,比如性爱时间、性爱空间、性爱刺激物的使用等不再那么自由和方便,这都会导致夫妻间性活动频率的明显下降。

此外,除了生理上的因素、性对象因素以及环境外,一些疾病(比如肝、肾病)、一些药物(比如口服避孕药、抗血压药、抗抑郁药等)也会造成雄性激素的抑制,进而影响性欲。

性生活是表达夫妻相爱的最好语言,通过性生活可使夫妻的肉体接触,达到心灵的契合。下面的这些建议或许对女性提高性欲,享受性爱有一些帮助。

(1)性认知。科学客观地看待自己的性需求和性功能。性爱,是极其美好的,是人体验生命的最严肃、最庄重的事情。它既不肮脏也不下流。相反,它是夫妻之间不可缺少的一部分,是维持夫妻关系的重要纽带。

（2）性表达。由于受到评价机制的影响，很多女性在性爱上被动，扮演端庄、矜持的角色，在性方面表现沉着、稳重与克制。事实上，男性渴望妻子主动。当他们发出性爱信号的时候，他们希望妻子接受；当妻子发出信号的时候，他们会更兴奋。"性信号"的表达是维持性吸引力的一个重要因素，它既可以是挑逗性的语言，也可以是亲吻和爱抚等非语言方式。

（3）性刺激。男性和女性对于兴奋所引发的条件是不同的。男性通过声音、画面、假象等就可引发兴奋，而女性更多则需要通过触摸来引发兴奋。因此，男性可以直接进入主题，而女性需要一些性爱游戏。因此，夫妻间性爱前一起洗澡、接吻、拥抱、抚摩的过程对引起女性性欲很重要；性环境的布置，如可调节的灯光和轻缓的音乐等，以及性用具的使用在性唤起上也能起到很重要的作用。

（4）性沟通。夫妻间进行有关性的对话，相互赞美能促进和谐的性生活。男性和女性生理和心理上的差异，让男女对性爱感受上也有不同的差异；每个人的个体差异，导致对性爱过程中的偏爱有些不同。彼此多一些沟通和交流，更能达到性爱的默契。

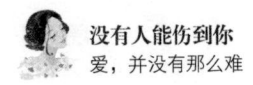

没有人能伤到你
爱，并没有那么难

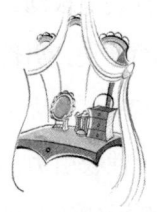

从缠绵悱恻到分床而眠

当夫妻的关注点和注意力被生活中的琐碎事情分散时，彼此间的性吸引力也会下降。随着孩子的降临，很多恩爱夫妻原有浪漫的"二人世界"被"三人（多人）世界"取代，妻子将注意力放在孩子身上，无暇顾及丈夫；同时，两人亲热起来也没那么方便自由了，慢慢地，性爱少了，身体距离也就疏远了。

某天我约了几位女朋友一起喝茶。其中一个哈欠连连，说晚上没有睡好。究其原因说是丈夫打呼噜，吵得她一夜无眠。另一朋友马上说："我和孩子一起睡，让他自己睡！跟孩子睡比跟他睡清净！"

有了孩子后，我的几位女性朋友几乎都无一例外地有与丈夫分床而睡的经历。有的为了方便晚上喂奶，有的因为床小不方便，就把丈夫推到一旁或另一个屋睡，久而久之，这种睡觉分配方式就变成了习惯。有的家庭中，孩子上了小学，依然爸爸一张床，孩子和妈妈一张床。

以前那些很难想象、无法接受的事情也都在我的身上发生了。比如，和先生刚结婚的时候，我很难想象夫

> 以前妈妈和爸爸睡，现在爸爸一个人孤零零地睡。我想夫妻之间的分床大多是从这里开始吧！夫妻间性活动减少也从这里开始。分着分着就习惯了，人与人之间的物理距离又逐渐影响着心理距离。

第3章
性爱：没那么受伤害

妻俩分床而睡的情景。当时有报刊说老夫老妻分床睡有利健康，而且我父母也是分床不分房。我那时候想，两人怎么睡都不够，如果五六十岁的时候他不愿意跟我睡了，我可怎么受得了……

现在不到40岁，有时候觉得一个人、一盏灯、一摞书、一个娃、一张床挺好。身体上的热情早不如从前。当我们说到这里的时候，旁边那位20多岁还未婚的女孩听到了，马上瞪大双眼，不可思议地大叫："哦！天！还会这样吗？"看来，她正处于我当年"难以置信"的那个阶段。

人在不同的年龄段经历的事情不一样，感受当然也不一样。好比，在我20多岁的时候经常在书上看到"中年危机"，当时没什么感觉，大概就知道是两个人到了中年，日子过得平淡了，就出现了危机。具体有哪些危机并不清楚，也没有兴趣去弄清楚。现在即使不去刻意感受，也能闻到中年危机的气息。

当有了孩子以后，家里的空间以及情感都要重新分配了。以前妈妈和爸爸睡，现在爸爸一个人孤零零地睡。我想夫妻之间的分床大多是从这里开始吧！夫妻间性活动减少也从这里开始。分着分着就习惯了，人与人之间的物理距离又逐渐影响着心理距离。

孩子的出生能给一个家庭带来喜悦，同时也影响到夫妻原来的幸福体验。有时候，我在想，孩子的出现到底会让婚姻变得更加稳固，还是打破了婚姻原有的稳固？不管怎么样，孩子的出现没有错，问题或许在于我们缺乏驾驭由孩子的出现所导致的生活改变的能力。

有一个晚上，我与先生畅聊。我们回忆孩子出生前后家庭生活的变化。以前，我是如此想要一个孩子。我曾多次想象着一家三口在青青的草地上扎营野餐是多么的幸福，而事实上有孩子之后，家里突然多了好多人，我们的亲密生活莫名其妙地被打乱，我们有更多的家庭关系要处理，在教育孩子上也衍生了一些矛盾，严重的时候我们甚至变得无话可说。以前出门都是他牵着我，现在是我牵着孩子，他一个人走在前面。我们的生活要一直这样下去吗?

我说,以前我们出门都会手牵手,一起进厨房做饭,有时候因为做了一顿美味而边吃边吻彼此,晚上一起追完美剧后,躺在床上相拥而眠……这些场景还能回来么?我决定试一试。

在儿子即将四岁的时候,我决定与先生完全承担教养孩子的重大责任,而不依赖其他抚养者。同时,我给孩子布置了一个非常温馨的小房间,顺利地与他分床而睡。从此,我又回到了先生的怀抱。

我想,夫妻之间的生活品质与教育孩子的问题一样重要,而且可以不矛盾。亲子间的互动永远无法替代夫妻之间的亲密。

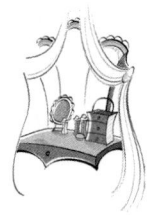

身体上的热爱与心理距离

我们的身体是最忠实于内心的。

有时候可能你自己都没有意识到,当你爱上一个人,你的身体会不由自主地靠近对方,你的眼睛会死死地盯着对方,你的手会有意无意地碰到对方;你会抚摸自己的脸颊和头发,欢迎他进入你的个人空间,或吸引对方靠近你。不用否认,你当然有想要与对方上床,全面身体接触的欲望。

而当你讨厌一个人,或不再爱一个人时,你的身体也会有相应的反应。你会有意阻止自己的视线不再与对方相交;你不喜欢和对方坐在一起,甚至都不愿意同时与对方出现在同一空间内;你不再做出一些吸引他的动作,你耷拉着的姿势,双臂交叉,想到的只是快点逃;当对方的身体主动靠近你时,你会本能地后退或躲避。你会尽力躲避和对方亲热的可能。

你对一个人的热情与否,身体会最先表现出来。有一位不到40岁的妻子说,她和丈夫分床而睡,已经两年没有性生活了。两人生活在一个屋檐下,没

> 如果你爱他(她),在日常生活中不妨多多地爱抚他(她)。轻轻地,握握他(她)的手,摸摸他(她)的肚皮,拉拉他(她)的头发,拍拍他(她)的后背,亲亲他(她)的脸颊……这种慢慢渗透式的情感,有时候要比激烈的性爱给人的力量更大。

有任何身体上的接触。因其丈夫有外遇,而她自嘲性冷淡。他们的生活看起来很和谐,各自履行对家庭的职责,抚养孩子成人。家庭的功能尚且都存在,但这样的存在方式却是一种悲哀。他们的心理距离有多远,他们的关系有多疏远,可想而知。

正常的情况下,有爱就会有身体接触。延续爱的感觉并不仅仅是做爱。特别是对于相处已久的夫妻来说,有时候拥抱、接吻和抚摸更能让人们体会到爱人的热情。

排除某些人的心理障碍,我相信,人都渴望自己被拥抱和爱抚,特别是被自己所喜欢的人拥抱和爱抚,这样更能体会到被爱的满足感。

心理学上有一个名词叫皮肤饥饿,是说一个孩子如果小时候很少得到母亲的拥抱和亲昵,长大后就会有一种潜在而又强烈的,渴望被爱、被关心、被抚慰的情感需求。婴儿呱呱坠地,最先得到的是母亲温柔的抚触,这是人类寻找抚触的一种本能。其实,不仅是孩童,成年人也有同样的需求,肌肤的抚触能带给人安全感和满足感。肌肤接触一直是人类情感交流

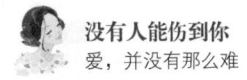

的重要工具。

彼此相拥,一切尽在不言中的那种美好,只有真心相爱的人才能体会到。人们的快乐、关爱、欢欣等情感都可以通过皮肤间的相互接触来传递。我们经常强调夫妻间要多沟通、多交流,但很多夫妻只是把交流和沟通停留在语言上,而忽略了行为上的交流。想象一下,你的爱人在厨房做菜的时候,你只是在口头上表达一下对他(她)的感谢,或是你从后面抱着他(她),给一个亲吻。这两种方式带给他(她)的感受是完全不一样的。拥抱和亲吻与语言比起来,更能给人们全方面的刺激感受。有句俗话"夫妻吵架床头吵,床尾和"就是讲很多矛盾冲突都能通过彼此的亲密举动来化解。

一个长期不被别人拥抱的人,是孤独的;一个长期不去拥抱别人的人,是冷漠的。如果爱人从你这里得不到这些亲密的接触,很可能会从其他地方满足需求。

所以,如果你爱他(她),在日常生活中不妨多多地爱抚他(她)。轻轻地,握握他(她)的手,摸摸他(她)的肚皮,拉拉他(她)的头发,拍拍他(她)的后背,亲亲他(她)的脸颊……这种慢慢渗透式的情感,有时候要比激烈的性爱给人的力量更大。

记住,不要把这种爱的习惯丢失,它们真的弥足珍贵。

第3章
性爱：没那么受伤害

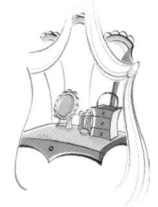

内心深处的心痛经历

一个人生活在这个社会上，总免不了要和人交往，但是我们无法保证所交往的人都是能尊重他人、遵纪守法的正人君子。

迫于压力或威胁发生性关系，造成的伤害有可能是跟随女性一辈子的噩梦，羞愧、自卑、厌恶、仇恨从此会埋于心中。

一个人早期的性经历直接影响今后的性体验。很多遭受过性侵的女性，在后来正常的夫妻生活中，都无法顺利完成性活动，因为在她们的内心深处有一碰就疼的伤疤。

Fin大学刚毕业就顺利找到一个私企做行政工作。老板比她大10多岁，成熟稳重，但是很严肃，Fin对他既有佩服之情，也有一丝畏惧。

有一次，老板说要邀请几位重要客户到一个度假山庄吃饭，并带上了Fin。大家一起吃完饭，就各自到按摩房按摩。Fin和老板一间房。当时单纯的她什么都不懂，第一次到这么豪华的地方吃饭，还有洗浴、按摩的项目，心里充满了新奇和喜悦，头脑中完全没有社交、应酬、公关等

> 一个人早期的性经历直接影响今后的性体验。很多遭受过性侵的女性，在后来正常的夫妻生活中，都无法顺利完成性活动，因为在她们的内心深处有一碰就疼的伤疤。

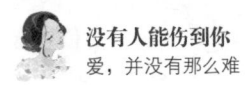

概念，只认为这是一次简单的吃饭、按摩，而老板在她心里就像是一位长辈。

不一会儿，她就睡着了。醒来的时候老板正躺在她的按摩床上，亲吻她的身体，她被吓了一跳，顿时要推开他，可是自己的双臂太无力。

事后，老板呼呼大睡，她就在旁边发愣、流泪。她不知道这一切是怎么发生的，更不知道自己接下来该怎么办。

后来，Fin辞掉了工作，她没有勇气去告老板，她知道这件事闹大后自己会更难堪。接下来，她几乎每天都会梦到自己的无力反抗，觉得自己是个罪人，对不起男朋友。男朋友和她谈了一年多恋爱，一直关心她，爱护她，每次他提出性要求总被她拒绝，他也尊重她。

她一直生活在愧疚、羞愧、耻辱和懊悔中，后来和男朋友结婚后，她也无法原谅自己，因为太爱他，怕失去他。她告诉自己，是她对不起丈夫，今后丈夫无论对她怎样，她都要忍让。

虽然这件事过去了很多年，丈夫也并不知道，对她的生活也没造成什么明显的坏影响，但她过得并不轻松。在她的家庭中，她总是自动、自觉地处于弱势和底层地位。她就像一个永不反抗的奴隶一样，用前面的羞愧经历来惩罚婚后的自己，特别是和丈夫有亲密动作时，她更无所适从。性生活不和谐以及夫妻关系的不平等，让她越发压抑和懊悔。

Fin起初只是说自己活得很压抑，她知道问题出在哪儿，但又无法改变，很无奈，最后才告诉我这段从未对人提及的经历（当然，在征得她的同意后，我才将这段故事写到这里）。

从性心理学上来看，一个人过去的性经历会影响到他的认知，进而影响其对性的态度。过往经历中有不好的性体验，就会无意识地压抑其性渴望。一个在青少年时期具有创伤性经历，如遭受性侵、乱伦、失恋等精神打击的女性在成年后，往往会对性活动产生抗拒和厌恶感。她们会认为性是丑恶的、只会带给自己创伤和疼痛。即使今后在正常的夫妻关系中，这种认知也会影响她们的性态度和性活动。

　　Fin在10多年前遭受一次侵害，在生理上几乎没什么影响，可在心理上却影响巨大。我问她，现在还有这种愧疚感吗？她说这种愧疚这些年来基本上已经偿还清了，心里有的只是自己的委屈。她用对丈夫"做牛做马"的行为来弥补曾经对他的不忠，却纵容了丈夫的自私与无责任，所以她对现在的婚姻状况仍然不满意。

　　我问，"在这件事情上，你认为自己有什么责任吗？"她说，"都怪自己当初太傻，什么都不懂，被人卖了都不知道。没有人告诉我社会险恶，要怎么保护自己。"

　　"没有受到这样的教育并不是你的错，更何况当一个30多岁身强力壮的男性想要侵犯你的时候，弱小的你根本无力保护自己，这也并不是你的错。"我这样说，她觉得好受一点。

　　婚后，她用无底限地对丈夫忍耐、宽容的方式，自我赎罪，希望能找到平衡。可是，恰恰这种方式影响到了他们的夫妻关系。

　　当遭受到他人侵害后，大多数人会碍于面子、舆论压力以及社会影响而不敢直面现实。如果不面对，让不好的事自然蒸发，一切当没发生过一样倒好，只是很多人一直压抑在心里，不知道如何处理。如果自己无法调整，总是生活在过去噩梦的煎熬中，不妨寻求专业的心理帮助。

没有人能伤到你
爱,并没有那么难

性是生理上的满足,爱是灵魂上的满足。

第 3 章
性爱：没那么受伤害

她的欲望被家庭琐事冲淡，可丈夫的欲望一直没有变。

没有人能伤到你
爱,并没有那么难

特别是对于相处已久的夫妻来说,有时候拥抱、接吻和抚摸更能让人们体会到爱人的热情。

第4章
背叛：
要真相还是要快乐

"你都懒得掩饰了，都不骗我了！"

擦得再干净的茶几用显微镜看仍会有灰尘。你相信它是干净的，它就是干净的；你相信它不干净，它就不干净。

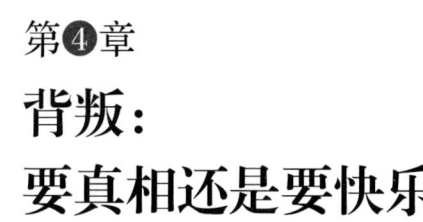

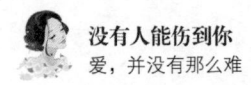

虽然我撒谎,可不是你想的那样

有一对老夫妻。妻子年轻时曾一时冲动背叛过丈夫一次,但她很快就后悔了。她尽量调整自己不要因此影响夫妻关系,事实上她也做到了,而且夫妻关系一直都不错。

妻子知道丈夫一直深爱自己。现在,在丈夫临终前,她不知道要不要把这件事告诉他。

她不愿他带着她的隐瞒和欺骗离开这个世界,也不愿用自己的错来破坏他心中的美好,那对他同样也是一种遗憾。

如果你是这位妻子,你会怎样做?

在我做的一项读者调查中,大多数人都选择了不告诉丈夫。即使那些自认为历来对婚姻坦诚,从不对爱人撒谎的人也倾向于这种选择。

如果我问,你在婚姻中欺骗过你的爱人吗?我相信没有一个人能很爽快地告诉我"从没有"。

欺骗,就是捏造信息,并做出与事实真相相反的陈述,是一种说谎行为。当然,欺骗并不一定是自己说了什么,还有很多形

> 对于相处多年的爱人来说,无所谓信与不信。你不能苛求对方所说的每一句话都是事情的真相(你自己也无法做到),重点是,你愿意相信他吗?

式，比如隐瞒信息、根本不提真相，或是让对方转移注意力从而忽略关键信息，或突然转变话题，以避免谈及敏感的内容，甚至有时候人们会把真相和欺骗信息混淆在一起，制造半真半假的言辞来误导对方。

如果你说你从来不撒谎，这本身就是一个天大的谎言。谎言对说谎者是有利的，可以寻求赞同、避免尴尬、内疚和惩罚，减少麻烦。人际交往中，无论何种原因说了谎，说谎者都会认为不如完全诚实地交往令人愉快和亲密，他们的说谎行为同样会为自己带来不适。即使谎言并没有被识破，其实也影响了亲密关系的氛围。也就是说，人们本有一颗真诚的心，无奈之下说了谎，自己心中也不踏实。

当然，谎言并不全是说谎者自己的盾牌，也有的谎言是出于为对方的利益考虑。设想，如果你的爱人满腔热情地为你做了一顿丰盛的晚餐，你品尝了一下味道很不好，当被问及是否好吃的时候，你会直言相告吗？当你一个人在外漂泊孤单又无助的时候，你的家人问你过得如何，你恐怕笑着说很好，目的只是为了不让他们担心。这样的谎言只是为了维系彼此的关系，在亲密关系中并无伤大雅。

不管怎么样，谎言就是谎言，带有欺骗。谎言带来最严重的后果就是，让对方失去对自己的信任，影响自己的信誉度，进而影响彼此的情感关系。

我们应该怎样看待恋爱与婚姻中的谎言与欺骗呢？

A和B是一对相处了三年的情侣，下面是他们的对话：

第一天：

A：宝贝，我要回公司处理一些事，晚餐别等我了！

B：好的，你安心地去办吧！

A：有你真好！

B：啵！

第二天：

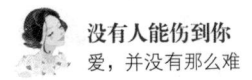
没有人能伤到你
爱，并没有那么难

B：你昨天事情处理得怎么样？

A：嗯，还不错！很顺利，办公室的安迪很给力。

B：安迪怎么给力了？

A：balabalabala……

B：……可是，你昨天并没有去处理公事，而是和一位朋友去喝咖啡了，是吧？

A：……

B：是吗？

A：是……

B：……

A：我们只是喝咖啡，说说话。我是在乎你的感受才……balabalabala（解释：不是你想象的那样。）

B：好了，够了！不管怎样，事实上你对我撒了谎！（心想：你认为我知道你们一起喝咖啡后应该有怎样的感受呢？你为什么要认为我会有这样的感受呢？）

接下来就是B不断寻找A撒谎动机的过程，进而发生猜疑、失信、甚至冷战。

——这样的不开心，问题究竟源于何处？

每一句话背后都有说话者的动机，谎言更是如此。有时候人们说谎仅仅是因为这样做成本最低，无须详细地描述真相的具体细节，解释更多或许更能引起不必要的误会，而简短的谎言就可以很快结束话题。

"我发现昨天我老公开始说谎骗我了，以前他从不骗我，虽然我也清楚那个谎没什么，但心里还是特别不舒服，很想回去问问他为什么撒谎，你说，我该怎么做？我一直相信爱情是美好的，至少我觉得我的爱情是美好的，他这样让我有点动摇了！"有一位女性向我请教。

很多人理解的爱情美好，是因为爱情是纯粹的、无瑕的，谎言就意味着瑕疵和不完美。然而,世界上没有一尘不染的东西。擦得再干净的茶几,你用显微镜看仍然会有灰尘。你相信它是干净的,它就是干净的;你相信它不干净,它就不干净。

所以对于相处多年的爱人来说,无所谓信与不信。你不能苛求对方所说的每一句话都是事情的真相(你自己也无法做到),重点是,你愿意相信他吗?

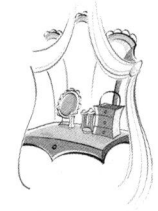

如实相告到底会怎样

谁都希望自己的感情海枯石烂,不愿遭受欺骗和背叛。假设我们不知道对方背叛自己,也就不会受到伤害。装傻也是一种自我保护,只不过大多数人不愿意生活在这种虚假的快乐中。如果真相更加痛苦的话,为什么一定要去追寻痛苦的真相呢?

> 如果真相更加痛苦的话,为什么一定要去追寻痛苦的真相呢?

还是前面A、B的那组对话,我们来设想一下他们的对话这样继续下去。

如果A说"我和那位朋友没什么",B会信吗?"既然没什么,为什

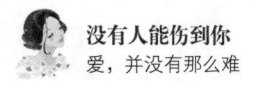

不如实相告？我是那么不通情达理、小肚鸡肠的人吗？"

B的想法很符合情理，而且我相信大多数人都这么认为，然而，事情真的会是这样吗？

A：我要出趟门，去见一位朋友。

B：什么朋友？

A：一个漂亮的女孩，我跟她约到一家咖啡厅。她很有才气和智慧，和她说话很舒服……所以，我很喜欢和她聊天。（这样真诚地交代情况，可以吗？）

B：……

如果在这些问题上，丈夫以诚相待，妻子会如何平静地接下话茬呢？在此场景下，我设想自己是妻子B，我会认为丈夫很怪——他为什么要跟我说那么多？是不是想要暗示我什么？

我又想起了一个小故事：说有对夫妻一起逛街，丈夫的眼睛不停地盯着迎面走过来的妙龄女郎。妻子问："你看什么呢？"丈夫答："没看什么！"妻子愤愤地说："骗人！明明在看对面的美女，还不敢承认！"问题是，承认了会怎么样呢？

这种情况下，丈夫应该怎么回答呢？丈夫真的可以回答"这个女人好性感啊，我就是喜欢多看她几眼，你看她那性感的胸部，那细长的大腿"吗？

这只是生活中一件可以忽略不计的小谎言事件，大多数人不会追究计较。同样的事也发生在女性身上。如果有某位你比较有好感的异性约你喝茶聊天，你知道仅仅是坐而论道，聊生活聊理想，你又不想拒绝，你会把这个约会告诉丈夫吗？你会怎样对丈夫说这件事呢？如果我没猜错，至少你会刻意对这个约会轻描淡写。

有情感的两个人生活在一起，彼此默认要忠诚、不能背叛，并且各自都在心中主动小心地维持这个规则，都不希望自己是首先打破这个规则的人。所以，人们会尽力掩饰自己一切"不忠"的痕迹，哪怕只是一些思想上的短暂游离。

撒谎者自己首先认为这是不对的，才会尽力掩饰（他们认为真话会带来不好的结果，从而通过谎言避免），他们也想做到对对方的绝对忠诚，至少让对方认为自己是绝对忠诚的，但生活中，我们很难做到。

很多人容易把谎言和背叛联系在一起，其实谎言不一定代表背叛。不要因为发现了一个小谎言，就上升到不爱啦、不忠啦、背叛啦、不纯洁啦的高度。一笑而过吧！很多人会生气地说："他居然会骗我！""他以前从来不撒谎的！"其实，事实可能是以前你没有发现，或是以前他的那些谎言太小，小到你主动忽略了，又或是那些小谎言没有触及你内心的敏感部位，你放过了它。

说到底，这其实是一个相对忠诚与绝对忠诚的较量问题。有的人眼里容不下一粒沙子，有的人睁一只眼闭一只眼。要知道，当你抱怨"他都懒得掩饰了，都不骗我了"，这才是最痛的时候！

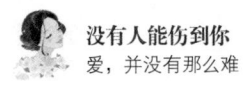

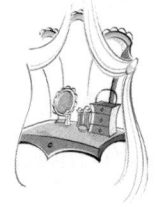

被骗者的"诡计"

在被欺骗的感觉中总会莫名其妙地夹杂一种被愚弄的感觉。有时候我们并不在乎事件本身，而更在意的是对方对我们的态度。不愿意自己有一种"被蒙在鼓里"的感觉，不愿意自己"被别人当傻瓜"，所以当我们被欺骗的时候，一定要为自己找出真相，否则难解心头之委屈。

对于"丈夫以加班的名义密会异性"，丈夫事后的解释可能会让你很快平复心情，但生活中还有很多被欺骗的事往往比这个严重得多。

我们更愿意与身边的人以诚相待。谎言就是谎言，无论什么理由都可能令对方产生受伤害的感觉。说谎者常常认为自己能侥幸过关。一方面，如果你现在正欺骗他人，不要太小看了对方的识破能力；另一方面，如果你识破了对方的谎言，你又要怎样去做呢？

> 很多时候，不是别人伤到了你，而是自己伤到了自己，正如你诱导别人撒谎，当别人正中你下怀后，你也就被伤到了。

看下面的场景。

Linda和女伴逛街逛累了，到商场附近的一个咖啡屋休息。一进来，她就看到丈夫正和一名风情万种的女性谈笑风生呢！他不是说今天要去单位加班吗？怎么会出现在这里呢？

这时候Linda应该怎么做？

A. 马上冲到丈夫面前，兴师问罪；

B. 落落大方，并友好地打招呼，甚至俏皮地冒充丈夫的女性朋友，说他的女朋友好漂亮；

C. 装作没看见，回家后质问丈夫，如果他不承认（他们的关系）就逼着他承认；

D. 装作没看见，回家后告诉丈夫，在咖啡馆看到了一个人很像他，至于他是否承认，并不重要。

事实上可能选择第一种方式的人比较多，因为人们都不愿意自己被欺骗、被愚弄，何况真相已经在自己手中，怎么可能让别人蒙混过关呢！所以就要拼命地逼着对方就范。"我都亲眼看到了，你还不承认！"这个时候，事件本身已经不重要了，重要的是对方欺骗自己的态度和动机。

设想一下：你没直接告诉他你看到了他，而是问他："你昨天加班还顺利吗？"

接着，他会很自然地编排一些加班途中的艰辛故事来说，总之是告诉你加班怎样怎样。

这时，你突然话锋一转，告诉他："你就编吧！昨天我在咖啡馆看到了你……"

……他顿时会有怎样的心情呢？被吓一大跳！满头冒汗！尴尬、愧疚、愤怒、懊悔等一起涌上心头！等他整理好思路，终究会明白过来，你是故意设陷阱让他往里面跳，他因此变得更加愤怒，"你都知道了，还诱导我撒谎干什么？"

在我看来，这确实是被骗者的"诡计"，但对于撒谎者来说，这只是一种本性。既然第一个谎都已经撒出去了，开弓没有回头箭，再更正谎言就等于否定自己，这是谁也不愿意干的事情。

真相就是真理，真理就是胜利！细细想来，被欺骗者让对方"承认真相"的目的只是为了自己打个胜仗，还是希望对方"不再犯"？

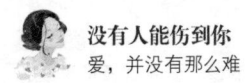

如果要达到后面的效果,可以利用他撒谎后的不适心理,只需要提示他你知道这件事即可,点到为止。你的大度反而会让他愧疚,或许他什么也不说,继续掩饰,也或许他会顺着你的引导说出自己去咖啡馆的真相。

很多时候,不是别人伤到了你,而是自己伤到了自己,正如你诱导别人撒谎,当别人正中你下怀后,你也就被伤到了。

撒谎者总有一个用烂了的理由:"我就是怕你多心才没告诉你。"这句话一般是真的。它一般投射出三层意思:一是他有秘密真的不想告诉你,他想隐瞒;二是他真的觉得没必要告诉你,太稀松平常;三是你真的很敏感多疑,容易把小事放大。被欺骗者不要老揪着第一层意思不放,不妨多想想后面的两层意思。

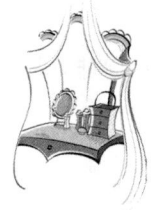

一根如鲠在喉的刺

不信任感并不一定是建立在对方的欺骗上。很多时候,对方似是而非的言行也会将你触怒,因为到底怎样才算是欺骗,每个人的衡量标准是不一样的。

Jin和女朋友Lan的关系很好,但Jin也对另一个女孩,也是Lan的朋友Mi

第4章

背叛：要真相还是要快乐

有好感。Jin也知道Mi对自己有好感，所以他们的关系介乎男女朋友和一般朋友之间。他们既像彼此"召之即来，挥之即去"的哥们儿，又像无话不说的知己，经常没有顾忌地打打闹闹，在亲密行为上，他们并没有逾越雷池一步。

一个情人节，Mi对Jin开玩笑说："我真是太可怜了，连个送花的人都没有。"Jin很豪爽地说："没关系，我送给你。"于是，Jin给Mi送了一大束红色玫瑰。Mi开心笑纳！

这件事被女朋友Lan偶然发现了。Lan问："你们究竟是什么关系？你为什么要在情人节送花给她？"她隐隐感到有一丝被男友背叛的难过。Jin连连解释："我跟她就是一般朋友啊，什么都没有做！真的什么都没有做……"他一脸的无辜。

Lan不信，"一般朋友关系，为什么要在情人节送花？"人说防火防盗防闺蜜，Lan越想越生气。接着，她开始对Jin冷淡，对他出现了信任危机。

此时，Jin的委屈感更胜于女朋友。他心想，我真是太冤了！我和Mi是清清白白的，连她的手都没牵过，Lan却怀疑我跟Mi有染。这个女人真是不可理喻！

对于Lan来说，Mi这个名字和她的存在已经让她越来越敏感。她不确定Jin和Mi到底什么关系，但她确定他们之间绝不是一般朋友那么简单，只要想到Mi，她就很不舒服。所以，她很明确地告诉Jin，我不喜欢你再与她交往。

在这件事上，Jin是理气直壮的。他想，凭什么！我跟Mi又没发生什么，我和她是清白的朋友关系，凭什么要跟她断绝交往？

> 每个人都会为自己的行为找理由——这是人的共性，为了避免认知失调。然而，这个理由在自己心里能站住脚，在别人那里可不一定。

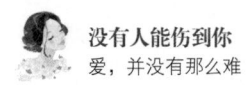

没有人能伤到你
爱，并没有那么难

若跟她断绝交往就好像我真的跟她有什么似的。相反，为了证明自己的清白，以后Lan和Mi同时在场时，Jin都非常"大方"地跟Mi有说有笑，开开玩笑，以示他们之间真的是清白的，没什么可避讳的。这更加刺激了Lan。

只是情人节送花给一个女孩而已，又不是捉奸在床！这么一点小事值得自己耿耿于怀吗？Lan经常在心里这么安慰自己，可她心里的坎怎么也过去不，如鲠在喉，特别难受又无可奈何。

这件事情如果站在Lan的角度想，我知道这只是一件小事，但因为我在乎他，他和Mi在一起我会吃醋，我希望他不再跟Mi联系，这有什么不对吗？可他不仅不同意，反而在我面前还不避嫌。这不是太伤人了吗？

而站在Jin的角度去想，当然可以理气直壮地拒绝Lan的"不合理"要求。<u>只有承认自己的错误，才会有改正，而我自己都没错，凭什么要改？</u>

这种故事一般出现在相处一段时间的情侣之间。他们争论的焦点其实就是和异性相处的尺度。Jin觉得自己的送花行为属于正常的交友举动，而Lan认为不是。在这一点上，他们永远无法达成共识。两个人有各自的立场和道理，但各自坚持下去只会不欢而散。我很理解Lan的伤心。因为我知道，假设Lan在某个情人节收到其他男生送的鲜红玫瑰花，Jin一定会觉得非常刺眼。

我还认识一个男孩，与女朋友相恋四年，后来他又遇到了另一个女孩。他跟那个女孩无话不说，甚至两人在一张床上躺过，只是没有发生性关系。男孩不觉得自己对不起女朋友，因为他在身体上并没做出对不起女朋友的事。每个人都会为自己的行为找理由——这是人的共性，为了避免认知失调。然而，这个理由在自己心里能站住脚，在别人那里可不一定。

我想，如果这个男孩听到自己的女朋友与别的男孩也有这种情况，他是断然不能接受的。有些人对自己的背叛标准是不发生关系，而对恋人（爱人）的标准可能是不暧昧，甚至是不和其他异性说话。

如果想要将一段关系维系下去，就要给彼此的未来定一个方向，然后朝着那个方向前进。双方都有必要把对方的感受放在心上，试着去理解对方；同时反思自己是否真的有某些言行不太妥当。静下心来想一想这件事是怎么发生的，是不是自己把原本的一件小事夸大了？比如Lan是不是自己过于敏感，自身是否有很多不安全感；而Jin是否太不在意女朋友的感受。

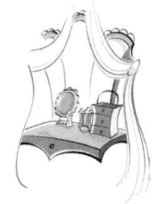

敏感，是因为有了隔阂

如果你一直对恋人（爱人）持有某种认知，但突然有一天你发现对方的言行并不符合你的认知。比如你一直以为他没什么钱，可有一天你却发现他其实有不少存款，只是你不知道而已，你会有怎样的感受？你会怎么办？

经常有人让我帮助分析"他到底是一个怎样的人"时，我都会说："你不如直接去问对方'你到底是一个怎样的人'。"

> 如果觉得敏感，那么说明两人之间已经有了隔阂。敏感的地方越来越多，到最后双方都无法碰触，到处是禁区，每走一步都怕踩到雷，最后结局可能就是为了防雷而不走动，处于静止状态，没有任何互动了。那样的夫妻关系维持起来该有多艰难。

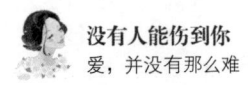
没有人能伤到你
爱,并没有那么难

有一天,我收到一位读者的信息:"老师,昨天我好好跟他沟通了,挺好的,谢谢!"

我真的为她感到高兴。前一天困扰她的问题是:丈夫手上到底有多少钱?一直以来,她都没管他挣的钱。他负责买房子、月供。她的工资仅用于每月支付一千元左右的生活费以及家庭其他开支。她一直认为丈夫的经济压力挺大的。有时候他给家里添置了东西,她都会主动把钱给他,她认为他手上应该没什么钱,日子应该是紧巴巴的,但上个月家里买车的时候,他竟然一下子拿出了2万块"私房钱"。他不是没钱吗?他这个举动简直把她惊呆了!

这时,她才发现原来自己对他的经济状况一点都不了解。"他还有哪些地方隐瞒了我?"

丈夫的这个举动确实会让她没有掌控感。在这个社会,我们总是说钱不是万能的,但是钱真的可以决定很多事情。作为夫妻,如果对对方的经济状况不了解,总会有一种失控感,特别是对经济能力比较弱,主要精力都在家庭和孩子身上的女人,更会有某种心理压力,感到不安全。

在交谈中,她总是围绕一个问题:"你认为我管他的钱好,还是不管的好?"我说,管与不管,没有绝对的好或不好。<u>我更赞成双方经济独立,家庭的收支相互商定好即可。她问我是怎么做的。我说,相互了解,经济独立,自由支配,明确分工。</u>

她说丈夫曾给过她一张卡,但是卡里没多少钱。她想还给他,不想让他觉得自己要用他的钱。我说也没有必要那么绝对化。无论里面是否有钱,他把卡放在你手中,表明他还是希望你们之间有经济连接的。我很理解在这个社会,男性的经济压力的确要比女性大得多,传统观念中,社会赋予男性的责任也更重大。

我建议她好好与丈夫沟通,她认为这个话题太敏感,不知道要怎么说出口。她总觉得丈夫不愿意让她管,可不管吧,自己又没安全感,所以平时两人在钱的问题上好像都在刻意回避什么。

是啊，如果觉得敏感，那么说明两人之间已经有了隔阂。敏感的地方越来越多，到最后双方都无法碰触，到处是禁区，每走一步都怕踩到雷，最后结局可能就是为了防雷而不走动，处于静止状态，没有任何互动了。那样的夫妻关系维持起来该有多艰难。

我说，你对丈夫的猜测倒不如坦诚的交流。把想法说出来，并不是要管他，作为妻子有权利知道丈夫的经济状况，况且也许他并不是刻意要隐瞒。现在你心中有一个结，可以和他一起打开，否则等将来结多了，再去打开就更麻烦了。

人与人之间的误会和矛盾，很多都是来自于猜测，或是代替别人去想、去感受。比如有时候你担心自己把不好的感受说出来会让对方感到不舒服，或是自己感到委屈后总是认为对方应该知道，也忍着不说出来，但很多情况下偏偏对方的觉察力又没那么强，总是犯你的忌。最终，你可能会把所有的不满变本加厉地爆发出来。

以前我也会这样。出于种种考虑，有些事情总是隐藏自己的真实想法，觉得这样有利于彼此的关系。后来发现并不是这样。我不能保证他人有多么好的觉察力，也不敢奢求他人和我事事心有灵犀，但是起码我会把自己的即时感受告诉对方，让对方知道我的想法。不管对方知道我的想法后采取怎样的处理方式，但至少我做到了表达自己。

我把感受表达出来后，至于对方怎么去处理，是他的事，他有他的处理方式。我对自己有一个原则，如果对方的言行造成自己的极大不舒服，我一定会表达出来。

敏感的话题，我们习惯于回避，但只是表面回避，内心却可能并不平静，会压抑。不碰触就会堵塞，到一定程度会爆炸，要疏通就得沟通。就像我们面前放了个小黑匣子，谁也不知道对方在里面放了什么，不妨打开看看，各自放心。因为在黑匣子面前，夫妻间很容易想象一些不好的结果，以及害怕出现的事物，特别是当有猜疑的时候，人们的想象力是致命的。

有一对夫妻结婚一年，关系不错。妻子以前有过男朋友，发生过性关系，还流过产。丈夫虽然心里耿耿于怀，但为了维持家庭表面的平静，从不提起这件事。一段时间后，丈夫经常莫名其妙地找茬跟妻子吵架。这种压抑的气氛让妻子透不过气。后来到心理医生面前，丈夫才说出了心里面的事。丈夫的心结解开，两人的关系才逐渐恢复正常。

有些问题只是我们认为对方会敏感，才不敢去碰，事实上也许对方觉得并没有什么。当然，有些问题也许确实要少碰。很多人内心中都有软弱的地方，不愿被人碰触，一碰就会疼，就会焦虑，但这些问题不会影响到感情，那就不碰好了。如果他（她）的学历不高，对有关学历的谈话比较敏感，你就不要经常拿出来说，以避免伤到对方的自尊。如果他（她）的收入较低，或工作不顺，你就不要每天谈钱，唉声叹气，这在无形之中会增加对方的心理负担。

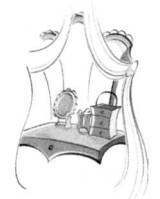

信任打破后能重建吗

信任打破后能重建吗？

这就好比，你小时候偷吃过一瓶精贵的水果罐头，下次家里的水果罐头不见了，家长首先想到的就是这次是不是又被你偷吃了；也好比，你在草地上被蛇咬过，下次看到草地上有一条绳子，你会很谨慎地绕过这条绳子；又好比，声称滴酒不沾的你勉为其难地在酒桌上喝了第一杯，马上会有人力劝你喝第二杯、第三杯……

> 与人相处，尤其是夫妻间，维护好自己在对方心中的信任值很重要，信任感轻易不要被打破。

人们往往有这样一种思维："他能做第一次，就一定能做第二次。"如果有人曾失信于你，或欺骗过你，你基本上就再也无法做到对他无条件的信任了。

为什么有的人被欺骗了，还是愿意相信对方？并不是这次欺骗没有对被欺骗者产生影响，而是他身上还有很多值得你信任的地方没被打破。比如说，男朋友在某件事情上欺骗了你，被你识破，当时你感到很生气，但你愿意继续相信他，是因为你认为他的人格、行事风格还是值得信任的，而人们的人格特征具有稳定性，所以他在你心里仍然是一个靠谱的人。

无论是亲密关系还是一般的人际关系，只要有意识和主见存在，就不可能有绝对的信任。人与人之间总会面临一些或大或小的信任问题，然而，只要关系和情感要继续维持下去，信任就是必要的。很难想象彼此不信任的人会有和谐的关系。

"信任打破后能重建吗？"这个问题我被无数次问起。被欺骗者说："我再也不相信他了，他现在就在演戏……我不知道日子怎么过下去。"欺骗者说："我知道自己错了，我也改了，可她就是不愿意相信我，我还要怎么办？"可见，这个问题让欺骗者和被欺骗者双方都在煎熬。没有信任的亲密关系，是非常可怕和难受的。

关于这个问题，我曾与几位教心理学的老师以及做心理咨询的朋友探讨过。大家一致认为信任一旦被打破很难重建，即使最终重建成功，也是一个相当艰难的过程。"一朝遭蛇咬，十年怕井绳"，人都有自我保护机制。重建信任不是表层的理解，要从深层次发生改变。

有些曾失信于人的人总喜欢问对方："你还愿意相信我吗？"其实，他们最应该先问问自己："我值得对方信任吗？我还将失信于他（她）吗？"

失信的次数越多，越阻碍信任的重建。在第一次欺骗中，被欺骗方即使不愿接受事实，如果自己爱对方，也许会为对方的欺骗找理由，帮助对方解脱。当对方请求原谅后，被欺骗方至少会持观望态度；但如果对方连续的欺骗，这种欺骗就容易在被欺骗方头脑中形成定势——他（她）是个大骗子，不值得信任。发现了吗，初犯和惯犯，在法律上的量刑是不一样的。在这里也是如此。

当人们出现信任问题，尤其当家庭出现信任危机后，夫妻选择家庭治疗的并不多，加上费用比较贵，时间比较长，大多都选择维持现状过下去，把一切都交给时间去治愈。彼此平时看似表现得很好，一旦遇到危机，仍然会出现一些问题。所以，与人相处，尤其是夫妻间，维护好自己在对方心中的信任值很重要，信任感轻易不要被打破。

当出现了信任危机自我调节时，不要给自己太多负面暗示，别跟原来的事件较劲。只要彼此都有和好的愿望，你愿意相信他，他也意识到自己的问题，信任的重建就少了很多阻力。我想，当把那些不愉快的事情都慢慢淡化，在多年后回忆起时能淡然一笑，那时候基本上就重建成功了吧！

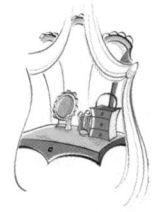

原谅和淡忘，谈何容易

40多岁的May和丈夫白手起家，夫妻在事业上终于有了一番成就。当房子、车子、孩子、票子都有了的时候，他们的故事也没有幸免落入俗套。她退居家中养育孩子时，事业有成的丈夫与其他女性玩起了暧昧，后来发展到影响夫妻关系。

两人在是否离婚的问题上有过冷静的交流。最终她的态度是，希望丈夫改变，继续保持家的完整，但从心底里她又对丈夫的行为感到非常难以接受。

我问她："你认为婚姻要保持彼此的绝对忠诚吗？"

她回答："我对这个家是很忠诚的，所以……"

我又问："如果有一天，你对这个家不忠诚了，你还会这样要求对方吗？"我的问题显然有些犀利，而且似乎也有些不近情理。

"老师，难道他不忠诚是正常的吗？"很明显，这个问题让她产生了严重的阻抗。我说，夫妻双方，一方的背叛给另一方带来的伤害肯定是巨大的。每一位丈夫出轨都会给妻子带来很大的伤痛，会在道德上遭受谴

> 其实从长远来看，丈夫出轨对May的伤害并不是这件事本身，而是May愤慨他的出轨，觉得他对不起自己，或是不想便宜他，亦或是担心他继续出轨，这才是她最大的心理压力。

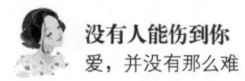
没有人能伤到你
爱，并没有那么难

责，但是从生理上讲，婚姻持续时间长了，生活终会归于平淡，彼此的吸引力逐渐下降，特别是性吸引力。这个时候，有的人会寻找新的刺激，玩暧昧或出轨。有的人迫于道德法律或是舆论压力，压抑自己的内在本我，只是想想而不敢去做。而有的人自我控制能力差，想做就去做了。<u>就像人们每天都吃同一种饭菜，天长日久，虽然能吃饱，但追求美味的欲望没有得到满足。</u>有的人欲望更强烈一点，当面前有一道美味佳肴诱惑他的时候，他便会跃跃欲试。

May的身体一直不太好，结婚16年，在自己最需要关心和安慰的时候，丈夫却偷情。这当然让人无法接受。

接着，我问："你爱你的丈夫吗？""爱的！"她几乎脱口而出。在她心中丈夫依然处于重要位置。对于离婚，她想的最多的是，自己这个年纪未必能找到一个更好的人，而且如果离婚的话，太便宜他了。家业都是他们两人一起创建起来的。所以，她不愿意离婚。

既然内心中已经做出了选择，为什么又不能释然呢？因为不甘心。她一直安守本分，恪守妇道，是个标准的贤妻良母，为家庭付出那么多，难道丈夫不该对她好吗？现在丈夫做了错事，难道就这样算了？凭什么？

其实从长远来看，丈夫出轨对May的伤害并不是这件事本身，而是May愤慨他的出轨，觉得他对不起自己，或是不想便宜他，亦或是担心他继续出轨，这才是她最大的心理压力。

大多数人婚姻出了问题，首先想到的都是对方有什么错，而为自己据理力争，为自己喊冤、平反。先把冤屈诉了再谈问题解决。可当对方认错悔改时，自己又不愿接受。到底想怎样，自己也不知道，反正就是不舒服。第一关过不去，第二关永远到不了。

当亲密关系被打破，彼此看似就处于一个敌对的阵营，如果一个人总对另一个人保持敌对态度，这个问题就会永远僵持。

当然，原谅、淡忘、日子照过，谈何容易！

在面对别人的问题时我尽量不受倾诉者的影响,客观地看待或判断一些事情,当然这也会被一些人误认为"站着说话不腰疼"。

确实,在早些年,我看问题也比较偏激,总带有很强的主观色彩,以自我为中心,甚至去揣摩他人的"恶"。我对待问题的思路也很简单,比如问题发生后,首先考虑谁导致的、谁应该承担、要怎么解决、自己是否太冤等,而不去想事情为什么发生,是否是自己的原因导致,自己应当负起某些责任等。

后来,心理学教会了我从更多的方面去看问题,比如生理、人性、两性差异、社会等角度,我开始能更理解自己和他人。我发现,当一切变得可理解的时候,事情就变得好办多了。我们总习惯于把自己想象成符合常理的大多数,事实上若换个角度,每个人都有各自的道理。

在婚姻中,当你感到不舒服、不开心、委屈、痛苦的时候,对方或许也是不快乐、不满足的。一方感到委屈的同时也能理解对方的不快乐、不满足,是夫妻关系修复的第一步,也是最重要的一步。

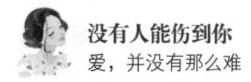

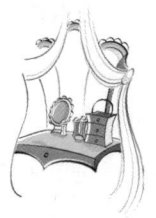

给别人原谅你的权利

很多时候,当我们觉得对他人有所愧疚的时候,总是感到很懊悔,希望得到他人的原谅但又不知道如何去做。有的人出于维护面子,找不到台阶下就死扛着,即使明知自己做得不对,在行为上也表现出"我没错"的样子;也有的人在伤到别人后不知所措,只会傻傻地站在原地发呆。

当一段关系出现问题,你想要重建关系的时候应该怎么办?当然是积极主动地去修复。

有这样一些人,他们对他人心存愧疚时,反而会离对方远远的,因为他们认为这个不好的后果都是自己造成的,所以最好的方式就是远离,不再继续对他人造成伤害。这样对方就会"眼不见心不烦"。这种方式一般男性用得比较多。

他们一副"我对不起你,我配不上你的原谅,我还是远离你吧"的态度。殊不知,这种诚诚恳恳的主动消失的态度反而让人更愤怒。因为你无法判断他们究竟是感觉自己"罪孽"太深而没有勇气再次面对你,还是他们在暗自庆幸找了一个远离你的好理

> 我们经常听到谁跟谁闹了矛盾,到最后,矛盾本身并不那么重要了,当事人一再强调只要对方给自己一个"说法",而这个"说法"背后其实就是一个态度的问题。有的人吵架吵的是事情,有的人吵架吵的是态度。

由（这在心理学上是个人形象管理的技巧之一）。

想象一下，生活中如果有这样的场景：

A无意（或许是有意，别人无法判断）把B撞倒。B因为疼痛不断地哭泣。A被吓坏了（或许是他厌烦了，别人无法判断）。便不停地对B说："都是我不好，我做错了。我不配你的'原谅'，让我滚得远远的吧！那就再不会招你烦了！"还没等B反应过来，A自己就主动"滚蛋"了！

想想，如果你是B，A这种自知之明的道歉方式，你喜欢吗？A虽然把你撞到了，弄疼了你，但他（她）都主动从你的视线中消失了，为什么你的愤怒或悲伤情绪还在呢？原因就是，A对你根本就不是道歉，而是肇事逃逸。对方把你撞倒了，然后就不管了。你要的绝不是这些。

当我们把他人撞倒后，得先把人扶起来，查看伤势，做一些恢复处理，然后请求原谅。作为一个受到你伤害的人，会生气，会沮丧，会谅解，会接纳……总之，他们有权利决定是否原谅你。如果你连对方的这点权利都剥夺的话，实际上就是对对方的再次伤害，对方当然会愤怒。你的去留决定应在与对方交流后再做出，这是一种对人起码的尊重。这样也能缓解彼此的关系。

很多人产生矛盾后，在明知道自己做得不对的情况下，矛盾仍然被激化，就是省略了一个很重要的过程——原谅与被原谅的过程。

人非常注重"讲道理"，似乎每种行为都能找到合适的道理来解释。所以，我们经常听到谁跟谁闹了矛盾，到最后，矛盾本身并不那么重要了，当事人一再强调只要对方给自己一个"说法"，而这个"说法"背后其实就是一个态度的问题。有的人吵架吵的是事情，而有的人吵架吵的是态度。

如果你伤害了别人，请给别人原谅你的权利；如果你被伤害了，请给别人补偿你的机会。

没有人能伤到你
爱,并没有那么难

　　人际交往中,无论何种原因说了谎,说谎者都会认为不如完全诚实地交往令人愉快和亲密,他们的说谎行为同样会为自己带来不适。即使谎言并没有被识破,其实也影响了亲密关系的氛围。

第 4 章
背叛：要真相还是要快乐

人们往往有这样一种思维："他能做第一次，就一定能做第二次"。如果有人曾失信于你，或欺骗过你，你基本上就再也无法做到对他无条件的信任了。

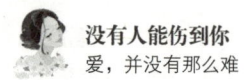

没有人能伤到你
爱，并没有那么难

你无法判断他们究竟是感觉自己"罪孽"太深而没有勇气再次面对你，还是他们在暗自庆幸找了一个远离你的好理由。

第 5 章

自我：
我到底哪里不好

"我到底哪里做得不对，你要这样对我？"
你的好，爱你的人自然会感受到。永远不要问一个不爱你的人自己哪里不好。

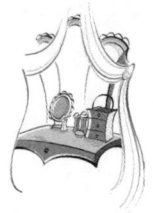

我到底有什么不好

人具有不断寻求肯定的特性，当自我感觉和别人的评价有差异的时候，会怎样呢？我相信大多数人会更加想要证实自己。

我们经常看到在大街上手牵手走过的一对对恋人，他们从外形上看有的并不那么般配。或许在你的心里还有些不屑，"那位帅哥身边的女人长得还不如我漂亮呢！"

什么原因使那位看起来平庸的女生吸引了帅哥呢？

外表的东西人们轻而易举地就能看见，但还有很多内涵的东西只有当事人才有体会。很多女性感叹丈夫看上的小三除了年轻一点，不知道哪里比自己好，有的甚至比自己年龄还大。这似乎小看了男性的需求。很多男人出轨并不是奔着小三的年轻漂亮和性感去的。想想戴安娜和卡米拉，查尔斯为何放着那么美貌的女子不爱，偏爱后者？

Rita和丈夫没什么共同语言。她从小就是乖乖女，结婚后是贤妻良母，而性格豪爽又幽默的丈夫，不光有一帮玩得好的哥们儿，而且还和一些女同事、女客户有说不完

> 当你把自己的优点和别人的缺点排列在一起，你爱的人却选择了别人的缺点，而没有选择你的优点的时候，你当然无法做出合理的解释，只会内心不平衡，这是你"认知失调"带来的不适感。

的话。

有一次，Rita和丈夫一起到一位女性朋友家拜访。主人夫妻俩性格都爽快，吃饭期间他们抽烟喝酒，聊得不亦乐乎。Rita没想到这位女主人居然也跟男性们一起大声说话、大口喝酒，甚至坦然自若地跟他们一起说荤段子，然后一起哈哈大笑，很是酣畅淋漓。看着丈夫和他们把酒言欢无话不说的样子，在一边安静坐着的她，完全插不上嘴。

回到家，Rita很不舒服。自己每天把家里收拾得干净整洁，把孩子照顾得无微不至，工作也很出色，自认为端庄、得体、乖巧又能挣钱，可丈夫为什么会觉得跟自己没话可说，而喜欢那些大大咧咧的女人呢？有时候她甚至还有一种冲动的想法：抽烟、喝酒、说脏话，在男性面前卖弄风骚谁不会！我分分钟就可以变成那样，只是我不想！

生活中，很多人和Rita有同样的疑惑："我到底有什么不好？""他到底看上了那个'妖精'的哪一点？"这个世界上，每个人都是独一无二的，都不甘心屈居不如自己的人之下，都无时无刻不在与人比较。可惜的是，人与人之间的比较，不比物理单位上的比较，没有一个实在的标准。

如果我问，你喜欢什么样的人？有人会说，我喜欢淑女；也有人会说，我喜欢女汉子。可淑女和女汉子她们自己怎么看？淑女看不上女汉子，女汉子看不上淑女。因为大家在心底里都是自我肯定的。客观地说，事实上到底谁更好呢？当然谁都有优缺点。

当你把自己的优点和别人的缺点排列在一起，你爱的人却选择了别人的缺点，而没有选择你的优点的时候，你当然无法做出合理的解释，只会内心不平衡，这是你"认知失调"带来的不适感。

然而，如果你换一种思路，把自己的缺点和别人的优点放在一起比较，你就不那么费解了。你看到的只是别人那些表现出来的外在不足或缺点，她们身上或许有你还没看见的内涵，比如豪爽、有想法、情商高等。不如把用于给自己喊冤的时间用于找出别人的优点，并效仿或超越吧。

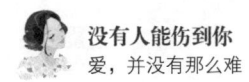
没有人能伤到你
爱，并没有那么难

如果一个人看人只停留于表面，说明他的肤浅。同样的道理，如果一个人只在乎别人对他的表面评价，说明他的内涵还不够深。

有一个女孩说："看到很多长相没我好、性格没我好的人都有男朋友了，可我还是单身，我到底是哪里不好？为什么没人喜欢我？很困惑、苦恼……"同样是一个"我到底哪里不好"的问题，对自己的判断以及对自己的预期出现了很大的偏差，当然找不到答案。

长相好、性格好并不代表一切都好。一个人能否得到异性的青睐，有很多因素。还记得我上大学时，校园里有一位阳光男生，几乎所有女生都为他欢呼，但他最终却选择了一位相貌平平、不起眼的女生做女朋友。这没什么可费解的。很多看起来平庸的女生，能得到"男神"们的垂青，与她自身的综合素质、气质水平、学识等有关，当然也与这位"男神"自己的偏好有很大的关系。对于上面那个女孩的困惑，也许她根本就不是意中人喜好的那道菜。

确实，我们肯定对手就等于否定自己。这是谁也不愿意做的事情。对于"我到底有什么不好""我到底哪里做得不够"这类问题，如果真的找不出答案，不如转换一下思路，问问自己"别人到底有什么好的"。

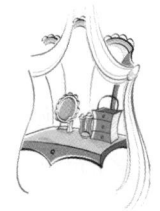

你的好与别人眼里的好

还是和Rita一样的疑问:"我自认为是一名合格的妻子,他凭什么还不满足?"

这个问题的答案,还可以从"合格"的定义上去寻找。我们通常在拒绝别人的时候,有一个非常好用的推辞:"你是个好人,但……"说到这里,那些有自知之明的人就会主动撤退了。

撤退之后,有一部分人仍然会百思不得其解:"为什么我那么好,你还不喜欢我呢?"原因就在于你是个"好人"没错,但他要的不是你这样的"好人"。无论一般人际关系中,还是两性关系中,并不是你觉得自己好就好,还得考虑你的好和别人眼里的好是不是一个概念。

> "为什么我那么好,你还不喜欢我呢?"原因就在于你是个"好人"没错,但他要的不是你这样的"好人"。无论一般人际关系中,还是两性关系中,并不是你觉得自己好就好,还得考虑你的好和别人眼里的好是不是一个概念。

28岁的Lily,很勤快,对人真诚,几乎在所有邻居大妈眼里她都是个很会过日子且精明能干的好女人。她朝九晚五地工作,回家还变着法子做好吃的,家里收拾得干净利落。她外表朴素大方,从不乱花一分钱,她计划着把所有的钱都存起来将来换个大房子。

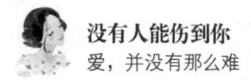

没有人能伤到你
爱,并没有那么难

　　Lily的工作能力很强,除了把丈夫照顾好,所有的精力都用在工作上了,老板当然也喜欢这样的员工,但有一点,她看人很挑剔:公司来个打扮得花枝招展的大学生,她就觉得人家太风骚;某位同事喷了香水,她就觉得骚气熏天;看到某年轻女人开着豪车,就想肯定是个被包养的二奶。在她眼里,满世界的女人都是狐狸精和没能力的花瓶。

　　丈夫爱吃红烧肉,她就把红烧肉做得比餐馆里还地道。只要是这道菜,丈夫肯定是两大碗米饭——这是她最骄傲的谈资了。她非常得意于自己家庭、事业双丰收。

　　每当听到哪位闺蜜的丈夫出轨了,她就耻笑别人没本事。她想,像她这样又能挣钱又能管家的正派女人,到哪里去找啊。她坚定地认为自己值得丈夫爱,而且丈夫也只可能爱她一个人。

　　她一边做饭一边问躺在沙发上玩手机的丈夫:"那些漂亮女人当不了饭吃,还是我这样的女人实在,是吧?"老公心不在焉地回答:"我老婆最好了,过日子就得是你这样的。"听了这话,她就有种深深的满足感。

　　不幸的是,没有多久,她的丈夫还是出轨了,对方是个未婚小资女人。丈夫不愿意跟她离婚,卯足了劲地承认错误,保证洗心革面,重新做人,但她怎么也想不明白,自己这么好的女人,他为什么还不满足。

　　事情就是这样,可能所有的人都会大骂Lily的丈夫混蛋,不懂得珍惜,但是事出总是有因的。他要是真觉得她所有一切都好,就不会被别人的好"勾"走了。关键是这个"好"如何定义。你的好是否正好迎合了对方的需求。男人喜欢看美女,你却认为美女不能当饭吃,还是自己这个保姆实在;你讨厌那些花枝招展的狐狸精,可是你不知道,每个男人心里几乎都住着一个狐狸精。他回家每天看到的都是一个不修边幅的黄脸婆,每天吃的都是同一个口味的红烧肉……在这种情况下,丈夫产生审美疲劳的可能性会陡增。在平淡的日子中,那些自制力差的男性很可能就会迷恋上外面的精彩了。

第 5 章
自我：我到底哪里不好

想想我们小时候，父母强加于我们头上的各种"好"：早睡早起就是好的，学好文化知识就是好的，不与社会青年交朋友就是好的……客观上确实好，但并不是我们想要的和喜欢的，我们会为此和父母大吵。那些大观念上的"好"多是站在道德自律的基础上，忽视了人们身上的很多伪道德需求。在Lily眼中，勤快、实在、不招摇，这些都是大观念下好女人的形象，但换个角度，作为妻子，在丈夫面前适当的懒惰、适当的装扮、甚至适当的风骚，有什么不好的吗？

现在想想，你自认为是个好女人吗？你对好的定义又是什么？你的另一半也会这样下定义吗？你身边的朋友也是这样认为的吗？

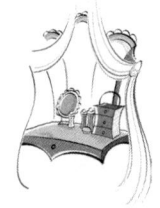

当你把翅膀给他人高飞

女人还有一种"好"，就是对别人默默付出，爱别人比爱自己多。到底爱谁多一点结果会更好？

现在，越来越多的人开始提倡先爱自己再爱他人。与上一辈人比，我们更懂得关注自身需求和自身的情感。我不知道是否还有一些女性受苦受累供养男朋友读书的事，但我知道的这种情况大多没有什么好的结局。

有新闻报道，有一名女孩为了供养男朋友上大学，省吃俭用，拿出

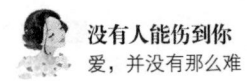
没有人能伤到你
爱，并没有那么难

> 在某些问题上，对别人好不如对自己好，投资别人不如投资自己。如果像这个女孩一样，非要给男朋友提供高飞的机会，也别忘了给自己插上一对翅膀。

工资累计将近10万元给男朋友交学费和生活费。不料男朋友学业有成后，却提出分手。女孩虽然做了很多的努力，但仍不能挽留男朋友的心。一气之下，她将男朋友起诉到法院，索要自己的血汗钱。最终在法院的调解下，男生愿意返还女生投入的这些钱。

这个故事要是前些年让人评价，大家一定义愤填膺地针对男生，说他陈世美，说他忘恩负义，说他不得好报之类的，但如今好像大家更能理性和客观地看待问题，并且看问题的基调已经发生了根本的变化。大部分人在指责男孩的同时，会把更多的目光转向这个女孩。现在就来看看我的女性读者们对这件事的评论：

"首先觉得这个女生很可怜，这个男生很可恶，负了对他这么好的女朋友。不过静下来想想，感情是两个人的事，或许两个人现在由于文化程度高低在一些事情上有不同的见解，交流起来困难，这样对感情发展是不利的。其实，感情也讲门当户对，或许分手对他们而言是最好的结果。这个女生总会找到适合自己的人的，不过我想这段恋情也将是她美好的回忆以及领悟的起点吧。"

"这是一种传统的叙述方式、传统的观点：陈世美的翻版。如果相爱，女孩子愿意挣钱支持男朋友上学，她愿意为他付出，她并不认为这是一种牺牲和奉献（这里要先排除男生利用这个女孩子以达到自己的目的）。她为他做了这一切，因为两个人相爱，但有一天这份爱不在了，不能因为之前她供养他上学，他就必须守着她。他们仍然可以做朋友，他可以还她的一些费用。如果他离开她，她才有机会得到新爱，得到一个爱她的人。"

"我对这个女孩表示同情，又觉得在情理之中，两个人的生活经历截然不同，人生观、价值观各方面的分歧也会越来越大，分手也是必然的结果。虽然这个女孩貌似很伟大，但男孩的生活圈必然导致和女孩分手，如果依旧在一起，我想男孩更多的是感激之情吧。门当户对（物质和精神）在现代婚恋中显得更加重要。王子和灰姑娘的故事只适合在书里出现。"

"我是这样想的，或许是因为爱，因为爱所以心甘情愿地付出，然而人是多变的，什么都抵不过时间。如果我是那个女孩，我不会去多想，供他读大学我心甘情愿没什么大不了的，如果我是那个男孩，我会好好待她，或许成为不了彼此的另一半，我也会好好待她。"

在给我的回复中，没有一个读者对男孩破口大骂，而为女孩伸冤不平的。她们基本上都是站在女孩的角度进行反思。两个人站在不同的高度，眼界不一样，关注的事物也不一样，共同话题越来越少，与自己的相似性也越来越少，彼此的距离慢慢拉开。大家都能认识到两者的差距，更能理性地看待问题。

男孩受了女孩的恩在情理中的确不应该嫌弃她和抛弃她。喝水不忘挖井人是一种美德，但爱情怎么可能一直建立在一个人的美德之上？世界上的爱情没有应不应该。即使男孩迫于外界压力和社会评价与她在一起，他的兴趣点已经不在她身上，他们在一起会幸福吗？

一个情商高的人，让爱人念的不是自己的恩情，而是爱情。没有什么事是永恒的，即使现在深爱的人，他们的感情中也充满了大量变数。现在得到了，不要高枕无忧。有条件把自己变得优秀，和给别人提供条件让别人变得优秀——两者孰轻孰重，自己估量。所以，在某些问题上，对别人好不如对自己好，投资别人不如投资自己。如果像这个女孩一样，非要给男朋友提供高飞的机会，也别忘了给自己插上一对翅膀。

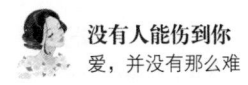

没有人能伤到你
爱,并没有那么难

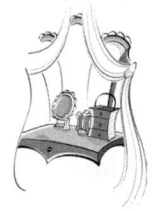

你还是图他点什么吧

一些女性找了家庭困难,或外在条件不如自己的男性结婚,认为什么都不图,这才是不掺杂任何杂念的爱情,其实,她认为自己什么都没图的时候,已经图了"期待"。她期待这个"不如自己"的男人,在婚后应该会对自己好。她们把期待放到了未来。

如果有一个人对你超级好,做什么事都让你挑不出毛病来,你会有什么感受?先别急着说"这很好啊",如果有一天你们不那么要好了,这个人跟你算起账来,你可能就吃不了兜着走了。尽量不要充当这个好人,也不要理所当然,毫无回报地接受他人对你的好。

供养男朋友上大学的女孩,在男朋友心中肯定是好女孩,当她向法院起诉追讨花费的时候,男朋友还认为她是个好女孩吗?她的"好"表现在对男朋友的付出,但她的付出是有对等要求的,并不是无条件付出。"我曾经对他付出那么多,他现在必须对我好才说得过去"这是一种很正常又普遍的心理,可当"他现在并没有对我好"的时候,问题就来了,女孩就去法院讨债了。

Zhe也遇到了这样的问题。Zhe长得很平常,从小几乎没什么好朋友,她习惯了孤独,即使一个人相处也不觉得难过,自从遇见他后,有人跟她说话了,而且他总能逗她开心。她第一次体会到被人惦记和呵护,所以她把他看得很重。等她大学一毕业，他们就结了婚。

男方家的条件并不好，Zhe的父母坚决不同意。Zhe说，我只要他的人，条件好不好我不在乎。最终父母拗不过她。他们结婚了。

Zhe描述丈夫父母家时用了"家徒四壁"这个词，他们家在一个偏僻的山村，父母供养兄妹三个。丈夫是老二，也是村子里唯一的大学生，他工作后接替父母的担子供养妹妹上学。夫家条件这样不好，她仅仅看上了他的人品，心里有一份纯粹的爱。结婚时Zhe觉得自己是那种纯粹为爱而活的人，特伟大。

婚后他们的感情很好，但日子也不可能完全朝着她想象的发展。她仍然没什么朋友，特别是随着孩子的降临。她的生命中除了丈夫就是孩子，而且越来越依赖丈夫。丈夫开始对她不那么耐烦，还总说她不独立。

Zhe对我说："我以前也不独立，以前他那么宠我，可是现在却说结婚后没有了自由，人怎么这么善变，我好累。"她觉得太不公平，丈夫不应该不喜欢她，更不应该嫌弃她。

如果我说人际关系包括夫妻关系的维持过程都要遵从交换原则，很多人也许不同意，因为这样说太功利，夫妻之间难道不是靠爱、靠感情来维系的么？然而，请想一想，"我爱他，愿意为他付出一切，什么都不图"，这样没有任何得失计较的爱能坚持多久？

Zhe在自己心里是一位合格得不能再合格的妻子了。"想当年，他一穷二白的时候，我不图他的家境，不图他的条件，踏踏实实地跟他过日子，难道他不该感激我吗？"

这样的抱怨我们经常听到。一些女性找了家庭困难，或外在条件不如自己的男性结婚，认为什么都不图，这才是不掺杂任何杂念的爱情，其实，她认为自己什么都没图的时候，已经图了"期待"。她期待这个"不如自己"的男人，在婚后应该会对自己好。她们把期待放到了未来。

每个人内心都有一座天平。人与人之间没有真正的"什么都不图"，

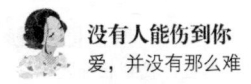

如果真的无所谓,自己就不会有受委屈感(除非有一种认知出现,那就是付出是自己的一种需求,不付出比付出更难受,就像很多时候孩子摔跤了,不把他扶起来你自己不舒服,而不是他真的需要你去扶)。所以,现在每当我听到有人说"我又不图他什么"的时候,我都忍不住想说:"你还是图他点什么吧!"

人们都倾向于得到大于(至少等于)付出。如果自己付出的这边比较重,而那边的投入比较轻,自然有种"亏"了的感觉。既然不平衡了,就要想办法让各自的分量相当。不是重的一方减重,就是轻的一方加重。如果你是重的一方,你无法控制对方是否加重,那么你能做到的就是在自己这边减重。

女人的"本职工作"

天平失衡了,在自己"减重"的同时,也别忘了给对方一些"加重"的机会。

从狩猎社会就开始形成的男主外、女主内的社会分工一直沿袭至今。在人们的观念中,女人的重要职责就是把家庭照顾好,不管是职业女性还是全职主妇,在家庭事务上都有不可推卸的责任。所以,这也是人们对"好妻子"这个角色的一个重要评价标准。

第5章
自我：我到底哪里不好

狩猎社会中，健壮的男性在外狩猎，体力相对较差的女性在洞穴附近摘摘果子，照顾孩子，这种分工在生活中自然形成。现代社会，女性不仅要摘果子，照顾孩子，还要跟男性一起外出狩猎，但是原来的分工观念却没有发生改变，女性的主要职责仍然是照顾好家庭。

"你天天在家，连孩子都照顾不好！""你天天在家，屋子都不收拾利索一点！""你天天在家，地都不拖干净！"这可能是家庭主妇最讨厌听到的指责。

> 很多丈夫认为与家务相关的事都是妻子的任务。他们习惯回家被照顾，很少下厨房，很少打扫居室，很少交水电费，很少接送孩子上下学。糟糕的是，很多妻子自己也认为这种分工是理所当然、天经地义的。

Lana就最讨厌丈夫把所有的家务都算在她这个全职太太身上，而且要求还很高。她以前也曾有工作，只不过有了孩子后就把工作辞掉了。家里从此完全成了她的"责任区"。现在，一切家务事都由她来做，丈夫还对她不满意，有时候嫌她没把地面拖干净，有时候嫌孩子太吵她没管，有时候嫌她没有及时买水买电……她真的觉得自己就是个家庭保姆。有一次，她把丈夫的鞋子洗干净，晾干后收回来，丈夫还抱怨她没有把鞋带给系上！丈夫几乎不管孩子，每天回家就是看手机，很少和孩子玩。

我问为什么不让丈夫多照顾孩子。她说，丈夫总说她："你天天在家，我上一天班这么累，还让我管孩子？"每次听到丈夫说这句话，她就打心里强烈反感。她很不喜欢这样的生活，但又不知道怎样改变。

女性围着家庭转，主要有两种原因：一种是主动的，认为家庭比工作更重要而放弃工作，而且认为自己不适应朝九晚五的职场生活，能做的事就是把丈夫和孩子照顾好；另一种是被动的，虽然认为工作也很重要，但是迫于家庭的分工需要，不得不把主要精力放在家庭和孩子上。

很多家庭的模式都是丈夫养家，妻子顾家。特别是对一些全职主妇来

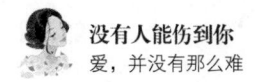
没有人能伤到你
爱，并没有那么难

说，若在"被养着"的情况下，还不能把"本职工作"（处理家务、照顾孩子）做好，似乎就太不像话了。所以，很多丈夫认为与家务相关的事都是妻子的任务。他们习惯回家被照顾，很少下厨房，很少打扫居室，很少交水电费，很少接送孩子上下学。糟糕的是，很多妻子自己也认为这种分工是理所当然、天经地义的。她们包揽一切家务大小事，看管孩子，打扫房子，买菜做饭，照顾老人……

这样真的好吗？随之而来的问题就是丈夫因此缺少家庭参与感，而家庭参与感与家庭凝聚力又有很大关联。同时，丈夫与孩子缺少亲子互动，这对孩子的教育以及亲子关系的建立与维护又是一个缺憾，别忘了父亲角色对孩子的成长有相当重要的作用。妈妈越对孩子管得多，孩子越黏妈妈，爸爸越乐得清闲。

有一次，我孩子幼儿园的一位妈妈抱怨孩子早上赖床，几乎每天都迟到。她特别苦恼地说，害得她自己也经常迟到。我说："你们晚上可以早一点睡觉呀！"她说："不行，我每天晚上都要加班，经常凌晨一两点才睡。所以孩子也养成了晚睡的习惯。"我又说："那你可以晚上早点陪孩子睡，等他睡着了你再起来工作。"她仍然说："不行！我是做新闻工作的，每天的任务量特别大，必须有足够的时间先把工作做完。"

这时我才想起，难道她家里没有老人帮衬，丈夫也天天加班或出差在外，只剩下她这个忙得晕头转向的妈妈带着一个调皮的孩子么？

我问："爸爸呢？"不料，她说："每天都黏在沙发上玩手机呢！"她还很好奇地问："男人们是不是都这种情况？"在她的思维里，好像就应该这样。后来她听从了我的建议，决定晚上跟孩子爸爸说说，"让他帮帮忙。"

养育孩子难道不是夫妻共同的责任吗？让爸爸多陪伴孩子，怎么就成了让爸爸"帮忙"呢！以家庭为重的女性们，多给丈夫一些"加重"的机会吧。想一想，万一哪天你倒下了怎么办？请假装倒下试试吧！

第 5 章
自我：我到底哪里不好

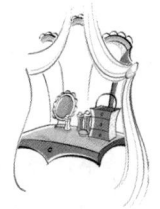

当你所谓的"使命"没完成

很多女人认为自己的职业就是管理好家庭，抓牢自己的丈夫。其实，这个观念在她头脑中形成的那一刻，就已经注定了一些不幸的发生。

不可否认，女性的家庭使命感确实要大于男性。很多女性认为自己有料理好家庭的使命，有生孩子的使命，有抚养好孩子的使命，有让丈夫过得舒服的使命。若这些目标没有达成，就会有种挫败感，甚至会感到内疚和自责。

人必须首先尊重自我，才会活得轻松。不少女性有这样的担忧，害怕自己生不了孩子遭到丈夫的抛弃，生了女儿没生儿子也感觉对不起夫家。我很理解她们的担忧，谁都希望自己符合社会期望，但无论是主观思想，还是客观环境所致，我们不可能做到凡事让他人满意。很多时候做到让自己满意就足够了。

记得几年前我怀孕的那段时间内心也有很多苦，当顺利生下儿子后，我非常庆幸。之前所有的烦恼瞬间烟消云散，过去那些难过的事我也不再去想。后来，在与某位心理学老师探讨这个问题的时候，他做了一个假设，问我："倘若你当时没

> 当我的内心由"不能生"转化为"不想生"时，就不会持续焦虑——假设能这样想，并不是吃不到葡萄说葡萄酸，而是我们懂得了自我调节。

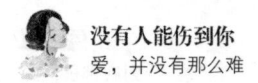

有顺利怀孕,你会怎么办?"我坦诚地回答:"我已经做好了离婚的准备。"他问:"如果丈夫不想离怎么办?""我想我也会坚持要离,我不能拖累他。"我当时认为先生家条件还可以,他自身条件也不错,在他的家人想要一个孩子继承香火的时候,我这个做儿媳妇的却连最基本该做的事也做不了,我自己会很难受、很自责,我愿意主动退出。那时想,即使继续和他在一起,我也可能会时刻惦记着这件事,过得不踏实。

他又问:"如果你当时生了一个女儿,可是先生家想要一个儿子,怎么办?"说实话,这个问题我从来没想过。这个要求可能我又无能为力了,我没有回答。他继续问:"如果你的孩子将来表现出某些不优秀的地方,先生家认为是你的遗传基因问题,或是你教育得不好导致的,怎么办?"

总之,如果照着"一切都是我的错"的逻辑讲下去,会遇到一系列让我无能为力却要解决的问题。如果我把自己放到最低的位置,我做任何事都不会得到别人的肯定。现在回想起当初,先生并没有给我多大的压力,倒是自己给了自己不小压力。可能是受到传统观念的影响太深,一直到现在我仍然认为作为女人,如果条件允许一定要生孩子,让自己体验母亲的角色(事实上,孩子也真的给了我很多欢乐)。

然而,话又说回来,如果没有孩子,就真的无法快乐吗?也许不。人最大的优点是会自我调节——自我合理化。所有的问题都是一个观念的问题。我可以为自己的行为找到合理的解释,不让自己内心冲突。很多丁克夫妻日子过得比有孩子的家庭更滋润。他们有更多的时间和精力游山玩水,做一些自己想要做的事情,而且没有孩子的干扰,他们的情感维系得更紧密。当我的内心由"不能生"转化为"不想生"时,就不会持续焦虑——假设能这样想,并不是吃不到葡萄说葡萄酸,而是我们懂得了自我调节。

我们身上那些"使命"都是自己赋予的,并不能因为达到了就快乐,没达到就不快乐。结婚、生孩子、维持家庭的完整等观念只是社会赋予人们的常规期望，一个人真正的使命是在不伤害他人和社会的情况下，让自己快乐地度过一生。

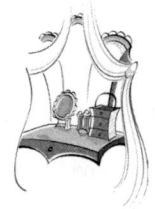

他要，你没，别人有

Penny说自己快要疯了。

丈夫出轨被她发现，她考虑到孩子而原谅了他，可是他并没有因此而收敛，依然不顾她的感受继续和小三联系。作为一位全职太太，这让她很没有安全感，她经常患得患失，晚上失眠，白天没有精神，不知道日子要怎样过下去。

当同学Rain找到她后，一切都变了。Rain说不要去管他怎么样，你可以自己主动快乐，并鼓励她拓展朋友圈，重新找回自我。于是，她开始参加各种学习班充实自己。接触的人多了，活动也多了，渐渐的，她的自信又回来了，她又变得开心起来，仿佛守得云开见月明。

我也为她感到高兴，对自己积极关注，找回自信，这一点她做到了。

"——可是，我们也深深地相爱了！"当她说到这里的时候，我才意识到她所说的同学Rain原来是一位男性。"就这样，我们持续了一年。可最终这个秘密被丈夫发现，并扬言要报复我，报复Rain……"她自己顿时

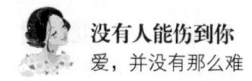

> 无论在哪种人际关系中，如果你能做到多问自己，"他（她）要的，我有吗"的话，一定会为你带来很多好处：一方面你会提示自己不断的进步、提升；另一方面，当你发现事出有因时，你的内心就不会那么不平衡。

又被打回了十八层地狱，她不知道将来要怎样面对他们。很巧的是，Rain这个时候出差了，留下她自己面对这些问题，她每天如坐针毡。

她知道自己的婚姻完了，丈夫现在一刻也不愿意见到她，双方都同意离婚，但都不愿意放弃孩子的抚养权。

夫妻双方都出轨，只是一个先后的问题。她认为自己出轨是丈夫造成的，"如果他不那样，我肯定不会出轨的！"

她说丈夫没有责任心、不上进、不管家……接着，我问："你认为他出轨的原因可能是什么呢？"她顿了一下，说自己在生理上不能满足他。

"他从你身上得不到他需要的，所以就出轨了。接着，你也感觉从他身上得不到你想要的，所以你也出轨了。这只是一个先后问题。事实是你认为不该做的事，你自己也做了。"

"我到底做错了什么呢？"

我并没有指责她的意思，只是不希望她把自己定位于"受害者"的角色，那样她会备受伤害。当我们发现别人有问题的时候，不妨也想想别人为什么要那样做，和自己是否有什么关联。

婚姻中，我们最无法容忍的事可能就是对方的背叛了。背叛这个词要怎样理解？当婚姻生活已经很平淡，无所谓爱情时，一方可能早就传递出了对另一方不爱的信息：自己不修边幅啦，忽视对方啦，拒绝性生活啦，对对方挑剔挖苦啦，给对方施加压力啦，甚至冷暴力啦……如果我们把背叛这个词延伸一下理解，就像罗兰·米勒在《亲密关系》中说，任何违反维系亲密关系的仁爱、忠诚、尊重和信赖准则的行为都可以视为某种程度的背叛。揭露伴侣的隐私、在伴侣背后说长道短、伤人感情地冷嘲热讽、违背重要承诺、不支持自己的伴侣、在别处花费太多的时间，或完全抛弃亲密关系，这些行为常常都是对伴侣的背叛。

如果把这些都看成对亲密关系的背叛时，那么有可能妻子早就背叛了丈夫（她自己很难意识到），而丈夫接受到这些信息后，用外遇的方式背叛了妻子。在大众面前曝光的一段则是从丈夫有外遇开始，而前一段内容往往是大家看不到的，或是容易被当事人忽略的。就好比当我们看到A打了B一巴掌，我们会很自然地认为A做得不对，但是当我们了解到在A打B之前，B曾歇斯底里地大骂了A两个多小时，A忍无可忍的情况下才打了B一巴掌时，我们对事情的看法可能会有所不同。

虽然我很反感亲密关系中的背叛，但是客观上来说，人们的婚外情是因为他们想要从小三身上寻找能满足自己的东西，而这些东西自己的爱人又给予不了，或不愿意给予。

出轨，可能用一句话就可以解释：他（她）想要，你不给，别人有。似乎一切问题的根源都在于人性。人们生活的过程就是各取所需的过程。排除道德法律的约束来看，得到永远是最快乐的（出轨者的品性、道德、自律等问题是另一个话题）！所以，<u>想留住一个人，唯一的办法就是，他（她）所需要的你有，然后投其所好！</u>

如果没有，那么有三种选择。

第一，你没有，但打算让自己拥有。你追求的最初目的也许是为了迎合他（她），但是在追求的过程中，你自己也会得到意外的快乐，最终皆大欢喜。也有人会说，我为了他改变了自己，不是失去了自我吗？这里又有两个地方要衡量，你的改变是否会优化自己？你坚持做原来的自己与失去他也无所谓，哪个更重要？

第二，你没有，也不打算有，而压制他（她）的欲望。这就要看对方是个什么样的人了。如果他（她）会调节自己，就会转移自己的注意力，通过其他方面的欲望满足自己，来弱化你无法提供给他（她）的需求。

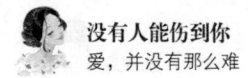

第三,你没有,也不打算有,理解他(她)从其他渠道获得……虽然这一点我们看起来会很不痛快,也大概没有人愿意接受这样的事实,但我还是要说,无论在哪种人际关系中,如果你能做到多问自己,"他(她)要的,我有吗"的话,一定会为你带来很多好处:一方面你会提示自己不断的进步、提升;另一方面,当你发现事出有因时,你的内心就不会那么不平衡。

看到这里,可能很多在亲密关系中因自己的期望没得到满足而出轨的人会"心安理得"。正如很多出轨的人会大言不惭地说"我因为从他(她)身上得不到爱,才会到外面寻找爱!"要知道,任何人际关系中需求的满足都是双方的。"没有得到"并不是一方伤害另一方的理由。当你在抱怨对方没有给予你的时候,也请想一想,你给了对方什么?你是否也满足了对方的需求?

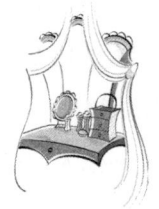

分手也许不是你不优秀

有时候，我们很客观地发现自己真的很优秀了，可为什么还是不被认可，还要遭受背叛和抛弃？

"我这么好，他为什么就不爱我？""我哪一点比不上那个女人？"不要再纠结于这些问题了。感情的事本来就没有是非对错，感情的建立、婚姻的缔结并不是以好人和坏人为参考标准。说到底，只有爱，或不爱。你再优秀，可惜不是他那道菜也枉然。

> 在人际关系中，我们倾向于和对自己有好处的人交往，也喜欢和好人交往，但爱情是人际交往中的一种特殊关系，并不是所有的"好人""优秀的人"都情感顺利，不会遭到拒绝。

他说你不够女人，并以此作为你们不合适，或离开你的借口，事实上他可能本来就不爱你，或已经不爱你了。你没有必要再纠结"我怎么就不够女人了？""我虽然不够女人，但我贤良淑德，把家里操持得井然有序"。因为如果他爱你，他会把你的不够女人理解为你的朴素、端庄、踏实等；而且，他内心一定会做一些衡量，不会因为你身上某些所谓的缺点而放走你。

有一个女孩给我留言，说了很多莫名其妙的话，跟我探讨生活的意义，似乎要跟我进行一番哲学思辨。我问清原委才知道，原来她一个月前

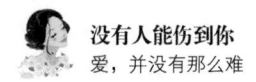
没有人能伤到你
爱，并没有那么难

失恋，男友找了一个比她条件好的女孩后提出了分手。她说自己长得也不漂亮，工作也不好，反复强调自己不够"华丽"，没有吸引别人的地方，很显然她已心灰意冷。我与她的交谈主要是引导她对自己积极关注。

通过与读者们的交流，我发现很多人的自我评价严重受到他人的影响。他们遭受别人的挑剔和打击后失去自信，甚至产生自卑感。其中有一位女性对我倾诉了她的苦恼，她爱她的丈夫，但是丈夫却与前女友一直保持联系，而且还常拿她与前女友做比较，称赞前女友而贬低她。她一方面非常愤怒，另一方面又变得越来越不自信。开始时她焦虑于丈夫与前女友的旧情复燃，现在她更多的是为自己的不优秀而感到自卑。

我问她对自己的评价是怎样的。很庆幸的是，她除了列举自己的缺点，如缺乏耐心、喜欢猜忌、没有特长等，还很客观地列举了自己的一些优点，如善良体贴、真诚待人、有责任感等。据此来看，她本身并不是一个缺乏自信的人，因为她能很客观地表述出自己身上的优势。我们大多数人都有受暗示性，如果身边常有人告诉你"你很差劲""你不如别人漂亮""你是个窝囊废"，那么久而久之，你自己也会开始怀疑自己。

不要因为别人贬低自己，或失去一段感情就怀疑自己，甚至自轻自贱。不要把"自我评价"与"他人评价"相混淆。小孩子没有自我概念的时候，会通过周围人，特别是对他重要的人的评价来判断自己，但我们已经是成年人，有一定的自我判断水平。他人怎么评价是他人眼中的你，而你自己眼中的你更为重要。

很多人的自我评价容易受到外界影响，是因为他们没有真正地认识和判断自己，特别是缺乏自信的人更容易受到一些不好的暗示。小时候，由于你的体形不够漂亮，别人取笑你，给你取绰号，就会让你以为你真的很差劲，从而陷入一种自卑的情绪中；在大学的时候，你成绩本来很优秀，但走入社会后却没有及时找到工作，每每面试碰壁，从而认为自己很差劲，越来越不自信；恋爱的时候，周围追捧你的白马王子们络绎不绝，这种境况让你变得高傲自大，目空一切，很可能因为自己的骄傲而失去一段爱情，等等。

不得不承认，我们每个人身上都有这样那样的缺点，但这并不影响你成为一个优秀的人。分手、遭到背叛并不是因为你不优秀，而是因为你们不合适，或是对方认为你们不合适，你不是他喜欢的那道菜而已。在人际关系中，我们倾向于和对自己有好处的人交往，也喜欢和好人交往，但爱情是人际交往中的一种特殊关系，并不是所有的"好人""优秀的人"都情感顺利，不会遭到拒绝。

如果对方已经说了"不好"，那就不好吧，用不着去纠结为什么不好，或是强迫对方说"好"。如果你认为自己足够好，你就应该有这样的意识：是他失去了你，而不是你失去了他。你不过失去了一个不爱自己的人，而他却失去了一个爱他的人，他的损失比你大。

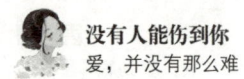

没有人能伤到你
爱,并没有那么难

非要给男朋友提供高飞的机会,也别忘了给自己插上一对翅膀。

第 5 章
自我：我到底哪里不好

揭露伴侣的隐私、在伴侣背后说长道短、伤人感情地冷嘲热讽、违背重要承诺、不支持自己的伴侣、在别处花费太多的时间，或完全抛弃亲密关系，这些行为常常是对伴侣的背叛。

没有人能伤到你
爱,并没有那么难

如果你是重的一方,你无法控制对方是否加重,那么你能做到的就是在自己这边减重。

第6章

痛心：
舔舐伤口的快感

"这种感受既让我痛苦，又让我迷茫，同时好像我又很享受。"

让那些痛苦安安静静地待在内心的某个角落，没必要刻意清除它们，更没必要把它们拿出来常咀嚼。

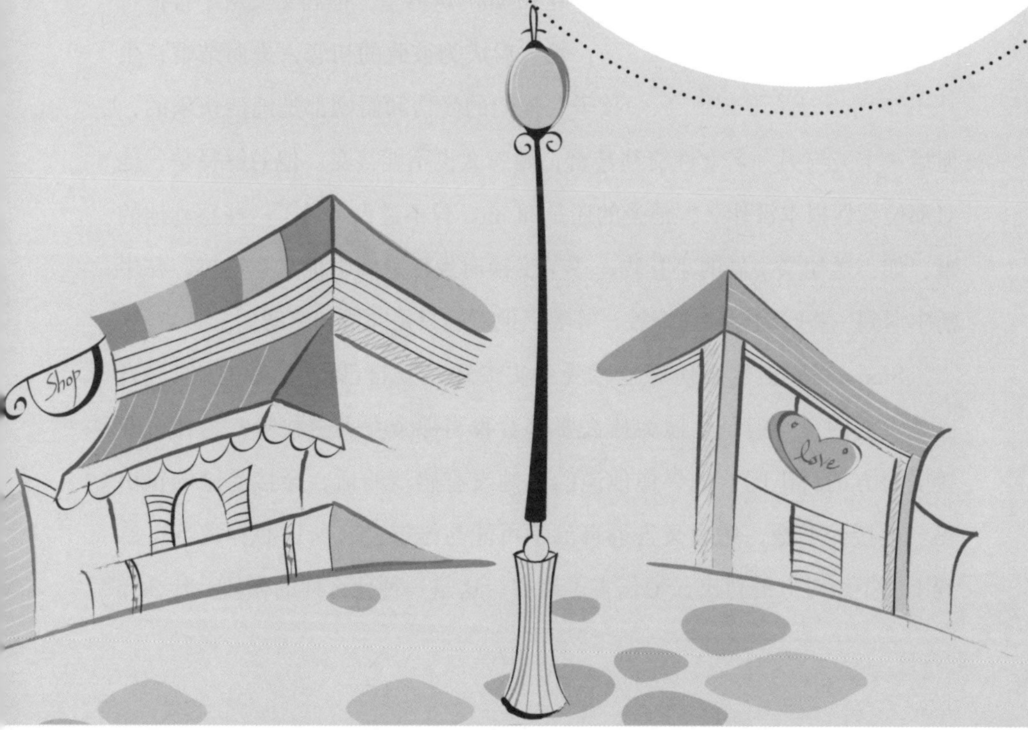

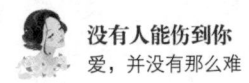

没有人能伤到你
爱,并没有那么难

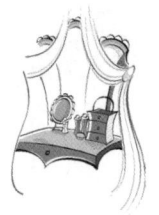

自我的病态和谐

> 很多人在感受痛苦的时候,能体会到某种受伤的快感,甚至有时不愿从这种快感中自拔出来。他们慢慢舔舐伤口,不是为了治愈,而是为了享受舔舐的过程。

很多人在感受痛苦的时候,能体会到某种受伤的快感,甚至有时不愿从这种快感中自拔出来。他们慢慢舔舐伤口,不是为了治愈,而是为了享受舔舐的过程。我这样说,也许你不可理解,可事实上你或许也曾体会过痛苦带来的快感。

在Susan的世界里,他和丈夫从小青梅竹马,长大后成为彼此的初恋,进而结婚,生孩子。他们的爱情和婚姻都是纯洁快乐的,但后来丈夫与另一名女性交往甚密,她怎么也不能接受。他的解释是,他对那位女性根本没什么,他爱的还是Susan。只不过人家做了一些感动他的事,如:送他亲手做的小礼物,季节变换时发信息嘱咐他注意身体,在生活中遇到一些问题会向他请教,等等。他对她只是同情和感动。

Susan确实能真真切切地感受到丈夫还是爱自己的,也相信他对自己是真心的。"但是,他为什么要瞒着我与那个女人交往呢?为什么要接受对方的付出呢?如果像他说的对她没有感情的话,会接受她的付出吗?他接受了她,然后又告诉自己不可能与她有爱,所以心存愧疚,感到不能拒绝对方的付出,怕伤害了对方。这是一种什么样的循环、什么样

第6章
痛心：舔舐伤口的快感

的逻辑？"

"他如果不需要从她身上获取什么的话，会对她感兴趣吗？会一直接受吗？"做文字工作的Susan尤为多愁善感，而且联想丰富，她不断揣测丈夫的心理："憎恨—没感觉—好感—喜欢—暧昧—爱—无法自拔"，"他对她的感情到底处于哪个位置呢？"

开始看《钢琴教师》的时候，Susan很难理解那位女钢琴师用刀片划伤自己时的快感。明明是痛，怎么会觉得舒服呢？现在，她似乎隐约能体会这种感觉了。

她受到伤害，觉得自己委屈，总是不停地在内心中挖掘自己委屈的根源：对方的行为是如何无耻，自己是如何无辜和无奈……头脑中没完没了地放映各种场景，这种行为好像会上瘾。她越觉得自己委屈，情绪越激动，就越会止不住地找对方的罪证，证明自己的无辜，现在，她绝对能凭着自己找到的一些证据把对方打入十八层地狱，所以她很愿意去想。她不停地来回忆、分析这件事，不停地咒骂他，并从中获得快感。

忙完了一天的工作，把家里的事情都安排好后，她就更可以躺在床上专门想这些事了。想的内容是痛苦的，但是这个过程似乎又是享受的。这些天，她已经变态地习惯了这种让自己心痛的感受，如果现在有人想要把她从这种状态中拉出来，她都有些不舍。"感觉我心理有些变态，这种感受既让我痛苦，又让我迷茫，同时好像我又很享受。"

这到底是一种什么样的心理机制呢？当Susan把她的心理感受告诉我的时候，我忽然想，这是否是一个人的自我病态和谐状态？让她不能自拔的不是事情本身，而是这种感受。受委屈的程度有多大，为自己找冤屈的快感就有多大。

"在这件事上，你有一种被蒙在鼓里，受骗的感觉，对吗？"她说是。我接着问："客观地说，你认为他爱你吗？"她不假思索地回答："爱！""既然还能感受到他的爱，表明你们的关系并没那么糟糕。"我说。

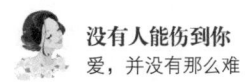

几乎每个人都有生活的压力，都会不自觉地给自己找一些出口。这件事情站在Susan的角度，想起来会有很大的怨恨，她觉得他没有必要隐瞒自己，但对于丈夫来说，他可能认为没有必要告诉她。因为他只是为自己找到了一个出口而已，并没有做什么实质的伤害她的事情。丈夫已经真诚地向她道歉，并说会好好经营他们的婚姻，Susan完全可以大度地让这件事情过去。

我们可以看到，有些人在受伤后哭泣时，可以抽泣很久，一想起来就觉得委屈，情不自禁就会默默流眼泪。她们当然也知道自己不能总这样哭下去，然而就是这种情绪让她们不可自拔，事情本身对她们造成的影响其实早已淡化。

跟Susan交流一番后，我问她："你是否觉得夫妻之间必须要做到相互百分百的坦诚？"她很明理地回答："没有必要，因为每个人都有自己的隐私。"当她能这样理性回答问题的时候，我相信她很快就能从自己的负性情绪中解脱出来。

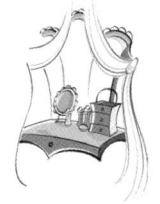

你为何会习惯性受伤

在你的生活中，有没有那么一个人，一而再，再而三地伤害你？有时候你已对他伤心欲绝了，可他真诚地道歉、悔改，让你又重新燃起希望，

第6章
痛心：舔舐伤口的快感

遗憾的是，不久你的希望又破灭，你再一次受到伤害……

Angel是一位漂亮的女孩，男朋友是比她高一届的学长。自从她遇见这位阳光幽默、酷爱运动的男生，Angel的心灵几乎就全部被他占据。为了博得他的喜爱，她越来越注重自己的外部形象，她给他洗衣服，给他做好吃的，陪着他熬夜看球……两人有过一段美好的时光。后来，男朋友毕业后到另外一个城市找到了理想的工作，而她还要在学校继续学习一年才能毕业，两人成了异地恋。

分开后，他们的联系莫名其妙地变少了。开始一段时间Angel会主动问他工作怎么样，电话中，他有些匆忙和不耐烦。慢慢地，Angel不联系他，也就得不到他的任何消息，因为他从不主动跟Angel联系。

Angel不知道他为什么突然变得这么冷淡，而且没有任何解释。她常常蜷缩在床的一角猜测：也许他工作太忙，也许他不想把精力放在恋爱上，也许他又喜欢上了别的女孩……她找不出真正的答案。Angel的自尊心很强，不想让他觉得自己缠着他不放。渐渐地，她不再打电话，也没有邮件，对方也不联系，一段感情不了了之。有时候看到他的QQ在线，她很想和他说几句话，但又不知道说什么，只能呆呆地看着他的头像由彩色变成黑白，最后轻轻地关掉。

这段表面看起来没有深入的感情，没想到会对她产生那么强烈的影响。Angel强迫自己不去想他，但这种压抑越强就越容易在梦里见到他。有时候梦境跟真的一样，梦见他和自己同桌上课，一起看书，她醒来就赖在床上回味很久；有时候梦见他跟别的女孩在一起，她醒来就泪流满面。只有她自己知道，他对她是多么重要，他在她心里的烙印有多深，尽管她常在内心深处告诉自己，他其实对她没那么好，没那么在乎她。

> 如果别人总是伤害你，并不是因为他真的能伤害你，而是你甘愿忍受这样的伤害，是你给他机会来伤害你。

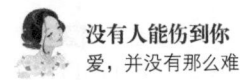
没有人能伤到你
爱，并没有那么难

就这样他们好多年没联系。偶然的一天，他们又相遇了。他刚结束一段婚姻，孩子判给了前妻，而Angel还单身。他告诉Angel，其实他爱的人一直都是她，Angel似信非信。后来，他经常给Angel打电话，情人节送礼物给她，Angel封闭的心门又慢慢开启，最终没能抗拒他的热情追求，两人走到了一起。

绕了一大圈两人最终又回到一起。Angel很珍惜他们的生活，可是生活并不像她想的那样幸福快乐。Angel发现他还是原来那个他，遇事马上把责任从自己身上推得一干二净，而且从不解释，动不动就玩消失。

有一天，Angel发现自己已怀孕两个多月，她以为会给他一个惊喜，没想到他听到后的反应却让她大失所望。他顿时脸都绿了，叫Angel早点把胎儿打掉，因为他不想再要孩子。Angel很愤怒，质问他是不是没想跟她过一辈子。他说她无理取闹，并冷漠地告诉她，这个孩子他肯定不要，早点打掉对她的身体有好处！

那次吵架后，他又消失得无影无踪，打电话给他不接，发信息给他不回。他消失了一个礼拜，Angel就疯狂地找了一个礼拜。

面对这样一个不负责任的男人，Angel这次真的痛心了。躺在冷冰冰的手术台上，眼泪抑制不住地往下流，她知道他们不可能再继续下去了。

几天后，他回来见到躺在床上疗伤的Angel，真诚地向她道歉，他说自己压力太大，只想逃离，并请求她的原谅。他为Angel熬粥，为Angel洗内衣内裤，Angel看书的时候他就趴在床上乖乖地陪她，而且他几乎推掉了所有的应酬来照顾Angel……他双手捧着Angel流泪的脸颊，轻声地安慰她："一切都会好起来的"。Angel的心再一次被他软化。她想，也许他现在真的压力很大，并不是不在乎自己。

但自从这次后，Angel很多时候还是会为他们的未来担忧，因为她每次提出要结婚，他要么装作没听见，要么支支吾吾。她不确定自己在他心中到底处于一个怎样的位置，但她一直都期望他有一天会改变，会发现她的

第6章
痛心：舔舐伤口的快感

好，关注她，在乎她，呵护她。很多次她痛苦得想离开，最终还是觉得自己"没骨气"主动提出分手，因为她不甘心，割舍不下初恋，割舍不下曾经的付出。

直到有一天，Angel在他的包里发现了一个安全套。她很清楚他们之间是不用这种东西的。那一晚，Angel终于提出了分手。

一个人为什么能被同一个人多次伤到？一个你不在乎的人，在情感上是根本伤害不了你的。如果别人总是伤害你，并不是因为他真的能伤害你，而是你甘愿忍受这样的伤害，是你给他机会来伤害你。

生活中这样的事经常发生，A抛弃了B，B受伤了；A再次追求B，B接受了；A再次离开了B，B再次受伤。

当B再次接受A的时候，她心里是有期许的，在她选择接受的时候，一定做过风险评估，她知道有再次被伤害的风险还依然自愿接受，原因在于她还爱着他，她还有幻想。有恋爱就有失恋的风险。她可能也曾想到要给自己的心灵立起一道坚固的防护屏，那样就不会再受到A的伤害了，但这得不到A的"爱"，这更不是她所愿意的。

很多人会说，"你傻呀，人家抛弃过你一次，还让他抛弃你第二次！""他不是个好人，你当时就不应该再次接受他。"遇到这样的女孩，我经常让她从自己身上找原因，到底谁该为你的难过负责？你可以抱怨遇人不淑，当你已经发现对方不淑时，你还心甘情愿地与他在一起，你是自己离不开他而跟他在一起，还是为了做善事怕他孤单而跟他在一起，亦或是受到他人的胁迫而跟他在一起？都不是，你是自愿的。

比如，有一个女孩总是被别人欺负，在公司的时候，老板经常会让她做一些分外的事，同事们无论是打水还是订餐都会使唤她，甚至打出租车都会有师傅多收她几块钱，但她从来不会反抗，只是默默地承受着。因为对于她来说，相对于被别人"欺负"，她更加受不了占了便宜的内疚和自责。所以，她主动选择了被欺负。

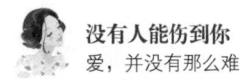

当你觉得被别人欺负的时候,思考一下,你是不是觉得反抗要比忍受更加的费力?就像上面那个女孩,当男生第二次追求她的时候,是不是拒绝比接受更痛苦?因为这个故事还可以继续说下去:A第三次追求B,此时,B还接受A吗?这需要B问自己的内心——承受他的伤害和离开他,二者谁更痛苦,两者相权取其轻。

所以,这样的情况,人们最终并不是被对方伤到了,而是自己伤害了自己,而且这种伤害是经人们风险评估后甘愿受的伤害,只是有些人并不愿意承认而已。

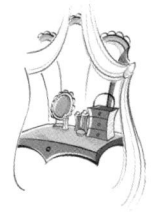

极端方式威胁的是自己

一个夜里,朋友开车送我回家的路上,途经一条灯光昏暗的小路。我们正常行驶在道路中央,突然发现前面正中央大概100米左右处有个人躺在地上一动不动,旁边有一位男生时而与躺着的人说话,时而拉一下,一副不知所措的样子。

朋友马上减速慢行,汽车缓缓路过,我能看清躺着的是一名女生,她还能动弹。我们犹豫要不要停车过去看看,我们不知道会发生什么,也许有人肇事逃逸。这个女生是被车撞了吗?为什么一直躺在路中央不动?

第 6 章
痛心：舔舐伤口的快感

她的朋友为什么不把她挪到安全的地方？有没有打电话报警，有没有叫救护车？此情此景，我的头脑中瞬间冒出各种担忧。

我们最终还是靠边停车了，为了安全起见，朋友示意我先别动，他自己走向他们。接着，马路边上又陆续有几辆车停了下来，司机们一起走向路中央的那两个人，看是否需要帮助。

> 自我伤害的行为如果形成习惯，就是一种病。这就好比自己摔了一跤，起不来的情况下，自己又给了自己一拳。再起来就更难了。

一会儿后，朋友骂骂咧咧地回来，说："什么人都有！"我问："难道是喝醉了酒，耍酒疯吗？"他说："不是。小年轻人闹别扭！"原来女生因为什么原因生了男生的气，非要躺在马路中央死给男生看，而这位可怜的男生既不能扬长而去，也相劝不动，所以他们就一直僵持在那里，已经持续了半个多小时。那些好心停下车来准备帮助他们的司机们都无语了，一个个又慢慢驱车离去。

天啦！闹别扭就不要命了！路人还珍惜她的生命，她自己反倒不当一回事。

一个人如果不把自己当一回事，不疼惜自己，难道还指望别人来疼惜你吗？很多人经常在受到伤害后生气、郁闷、自虐，甚至割腕、服毒、跳楼……本来被伤到已经很不幸，为何还要给自己增加更大的不幸？如果想用这种方式威胁对方就范，这个风险就太高了。

当人们受到严重打击时，顿时会否定自己，认为总是事与愿违，自己没有用。否定自己，否定到极致就是毁灭。用弗洛伊德的观点来解释，就是激起了人们的死本能。

这样的行为，一方面能释放自身的压力，缓解焦虑感和痛苦感，把心里的痛苦转移到身体上，使压抑在心中的负面情绪得到宣泄，甚至会得到些许快感，总之这股邪恶的力量要被发泄出来。有的人对外发泄，表现为

135

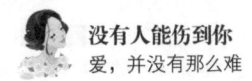
没有人能伤到你
爱,并没有那么难

虐他,报复他人、报复社会。当报复他人和社会的成本太高,风险更大时这种毁灭的力量就转向对内,就表现为自虐了。另一方面是为了引起他人注意,这种行为是做给别人看的,企图给对方施加压力,让其产生威胁感,逼其就范。比如有的人受到委屈,为了证明别人的错误,宁愿以死明志。

自我伤害的行为如果形成习惯,就是一种病。这就好比自己摔了一跤,起不来的情况下,自己又给了自己一拳。再起来就更难了。

大多数的人自虐倾向都还没到心理疾病的程度,只是一种本能的获得快感的方式。只是这一时的快感恐怕要给自己带来长时间的痛感。其实,以我个人的经验,这种情况下,只要理智地告诉自己"不能这样",完全就可以控制住自己的"自毁"冲动。比如你可以设想这样一个场面:

当你和他人吵了一架,你感觉很崩溃、很烦躁、很受伤的时候,你冲出家门,这时天空恰好下起了大雨,此时你很可能发生的一种举动就是冲入暴雨中,让冰冷的雨水长时间地冲击你的身体,你对自己说"淋死我算了!",尽管此刻你感受不到寒冷,但最终可能导致感冒,一病不起。

如果哪一天,这个场景真的发生在你身上,你能很淡定地避雨,或乖乖地回到家中,多穿点衣服,你就懂得了真正心疼自己。

还记得几年前,有一次,我忙了一整天的工作,饿得饥肠辘辘,心烦意乱地回到家,先生还责怪我某件事情没处理好,我们大吵了一架,我心中无比委屈。愤怒中,我来到朋友家。朋友听说我一整天都没吃东西,就心疼地对我说:"你先吃饱了再说,我给你煮碗面吧!"当时我本来想赌气,不吃!就让我委屈到底吧,就让他对我愧疚去吧!后来,马上转念一想,还是得爱自己,身体重要,我的胃本来就不好,可不能因为生先生的气而亏待了它。于是第一次在生气的情况下,我还津津有味地吃了一大碗面。

从那件事,我有了一个宝贵的体会,自己与他人的恩怨是一回事,自己照顾好自己是另一回事。千万不要因为别人伤害了你,你就要"死"给别人看。那样,你岂不是变成别人的"同谋"了吗——帮着别人伤害你自己。

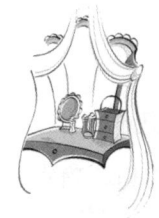

人体强大的自愈能力

不要因为害怕受伤而不爱,或是受伤后不敢再爱。人们只要是动了感情,就要做好受伤的准备。懂得受伤后怎么自我疗愈才是最重要的。

> 无论你身陷何处,只要自己想出来,就能出来。

以前,每当我听别人说"快乐是一天,痛苦也是一天,何不快快乐乐过好每一天"时,我都嫌别人站着说话不腰疼。受了伤,总会有疼痛感,强忍着不哭不是更难受吗?谁不希望自己快快乐乐的,可人又不是机器,做不到呀!

是的,做不到!所以我们需要调整。如果不给自己调整的机会,当然无法恢复。

人体有自愈能力,很多人忽视了这一点。就像很多人感冒了,动辄吃药,其实即使不吃药,只要不是免疫力特别差,身体都会慢慢恢复,只不

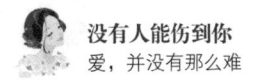
没有人能伤到你
爱，并没有那么难

过需要一点时间罢了。

不要小看了我们身心的自愈能力。

我经常对一些在我面前诉苦的人说，站在一个遥远的位置来看彼此，你们在一起的时间是固定的，多一天的伤心，就会少一天的快乐。尽快让自己高兴起来才是最重要的，不要总是被一些负面事件牵着鼻子走。

你可以问自己，是否别人犯了错你就生气，别人认了错你才能释怀？如果别人一辈子不认错呢？你会怎样？难道自己的心情要一辈子以别人的行为为导向吗？难道不应该是自己掌控自己吗？

别人是否认错，怎么对你，是别人的事；你选择开心还是难过，是你自己的事——自己能掌控的事。让一个感到疼痛的人忽视疼痛，确实是一件很残忍的事。敷药的那一刻难道不是最疼的吗？这个过程会怎样走过呢？

我的好朋友Veer愿意把她的几篇伤心日志拿出来让我跟读者分享。当时，她彻底被一个男生伤到了。这几篇日志完完整整地记录了她的"伤"自愈的过程，表现出她超强的自我觉察能力和良好的心理素质。

第一天：感到天塌下来了。所有不好的感受全部涌上心头。他的无耻、自私、虚伪通通呈现在面前，就像一个被撕破的面具，露出了丑恶的嘴脸。我想要为自己讨个公平。他凭什么这样对待我？要么一辈子不见他（把这些不好的感受压抑到最深处，从此不再提），要么找个人激怒他（不能就这样算了，我得让他体会到我现在的痛苦）。我甚至想到最恶毒的报复方法。

第二天：一个人躲着哭。晚上失眠，头脑总是处于兴奋状态，翻来覆去，自己仍不停地诅咒。

第三天：强制自己工作。让自己埋没在工作中（好在这份工作是自己喜欢的），确实能减缓一些痛苦，但是只要想到他，就会难受、委屈，无法遏制地要想到他。

第四天：告诉自己，不能这样下去了。想象他不过如此。想他身上的缺点，他没什么了不起的。离开就离开吧。每当这样想的时候，自己的心理优势就出现了。这时才发现，所有的受伤源于离不开，源于不自信。如果真的想明白了，并做出了决定，心里的纠结就少了很多（这些天，他一直表现出痛苦的样子，解释、回避、道歉等）。

第五天：觉得自己特别想他。又开始回忆和他在一起的快乐时光。当看不到他的任何信息时，有些急躁不安。忍不住会想，他现在在干什么？跟我一样难受吗？这个时候，仿佛他对自己造成的伤害已经不那么重要，只要在一起就好。现在的自己已经完全不是第一天的自己了。这些天内心的理性和感性不断交融发挥作用，并已经养成了不主动联系他的习惯，心中有了一些淡定。

第六天：觉得自己已经调整好，能很平静地与他说话。于是两人见面沟通，决定给他一次机会，当然，也是给自己一次机会。

Veer每一天的思想和行为都有变化。她的这几篇日记也印证了这样的观点：无论你身陷何处，只要自己想出来，就能出来。

很多人说，受伤了，一辈子都出不来了，其实并不是出不来，而是你自己没打算出来。时间是个很公正的东西，它能把一些美好的东西变淡，同样也能把一些不美好的东西变淡。那些不好的情绪体验和感受都会随风在空气中慢慢挥发、淡化，最终消失。所以，积极的觉察自己，调整自己，帮助自己恢复身心，时间会慢慢配合你做到这一切。

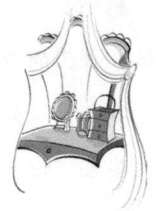

找到自己的情绪规律

从Veer的日记,可以看到她在特殊时期的情绪变化。她能很好地控制自己的情绪走向,并把负面情绪慢慢导向正面,这样的理性实属难得。

每当我的新书发布不久,我的邮箱总是被读者们的邮件塞满,有时候,我还会接到读者的电话,我都尽可能地认真倾听。她们在电话中描述事情的始末,其实也是梳理自己的思路和整理情绪的过程,有的说着说着就没那么怒了;当然,也有一些人越说越觉得自己委屈、越愤怒。

待她们把情况大致表达清楚后,我通常会让她们用5个词语来形容一下他们抱怨的对方。如果对方说出来的5个词都是负面的、贬义的,就很容易判断此时她们正深陷负面情绪中,对周围的人和事的评价都不是那么客观的。

比如,有的女孩评价自己的男朋友"自私、没有责任感、懒惰、大男子主义、小气",全是负面之词,令人不免要问,这样一个一无是处的人,当初是如何吸引你的呢?当一个人完全被你否定的时候,他所做的一切即使是好的,也会被你理解为不对的。

> 每当我情绪低落的时候,我就会告诉自己,现在的我正处于"抗拒期",我不会一直这样下去,等过了这个阶段,内心就会慢慢平复,就会做出相对理性的思考和判断,然后进入接受期,进而便是恢复期。

所以，当我们的头脑被某种情绪占领时，只需倾诉、发泄就可以了，然后平静地等待情绪退去，再做打算。

很多人都是一遇到问题马上就寻求解决。比如前一天晚上不小心看到丈夫手机中有他和其他女性暧昧的信息，一整夜睡不着觉，感觉家庭马上就要破裂了；有的因为夫妻吵架，丈夫对自己动粗，感觉天马上就要塌下来了……随之而来的是失眠、无心工作、情绪低落、难受。当她们向我表述的时候，情绪非常激动，说话也语无伦次，感到自己遭受重创。

这个时候，读者来找我，我会先让对方把整个事情描述出来，然后表示理解，并教她们一些放松的方法，然后让她们知道任何"灾难事件"的发展都有一个"自生自灭"的过程：

抗拒期——当一些不好的事情发生后，人们会本能地不愿意接受，不愿意相信，抗拒，此时也会伴随生理上的变化，比如心跳呼吸加快、血压升高，头疼、失眠等。这一时期人们处于警觉和搏斗状态。

接受期——随着时间的推移，人们逐渐恢复理性，慢慢接受现实，全力投入对事情的应对。大多数人的焦虑水平会下降。

恢复期——想办法解决问题，弥补损失，力图让自己的身心达到新的平衡。

一个人遇到灾难性挫折产生的所有心理症状（包括寝食难安、情绪低落、失眠等）都是正常的，事情也许没有想象中那么糟糕，况且这些事情基本上都是曾经或正发生在很多人身上，并不是什么"疑难杂症"。

经常有朋友问我"你是学心理学的，怎么还有情绪不好的时候"？每当听到这样的问话我就笑了。我生活在红尘之中，是一个有七情六欲的人，为什么就不能有情绪不好的时候呢？喜怒哀乐，每种情绪的产生都是正常的，学心理学的人会更加注重情绪的调节，而不是压抑某种情绪。

每当我情绪低落的时候，我就会告诉自己，现在的我正处于"抗拒期"，我不会一直这样下去，等过了这个阶段，内心就会慢慢平复，就会

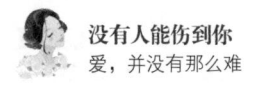

做出相对理性的思考和判断,然后进入接受期,进而便是恢复期。我会告诉自己:"过了今天,明天我就好起来了。"事实上,当第二天看着太阳从东方升起时,我的心情确实好了。

当了解自己的情绪发展规律之后,就不会那么急躁,就能平静地看待之前发生的事了。毕竟现在发生的所有事,无论是好的还是不好的,都即将成为"过去"。

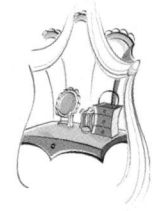

都是他的错

在舔舐伤口的同时,人们总不会忘记一件重要的事——追究对方的责任。谁造成的谁负责(我们会本能地第一时间看到对方的责任)。然而,亲密关系中的一些"事故",很难分清到底是谁的责任。

我始终相信,没有人会以故意伤人为目的去伤害他人(除了那些反社会型人格的人)。每个人生来都在追求自己需要的东西,只是在他们追求的时候一不小心误伤了他人。别把人都想得那么恶毒就对了。

"都是你的错!"这句话不免有些武断,等于否定了对方的好,否定了对方为你做的一切。有一位女性控诉丈夫从来不关心她。我问:"他真的从来没关心过你吗?"她这才开始努力回忆,以前他也曾为她做过早

第 6 章
痛心：舔舐伤口的快感

餐，也曾接她下班，她生病时他也曾用心照顾过她。虽然这都是以前的事，但不能因为现在关系不好了就将它们全部否定。"都是他的错""都是他造成的""他从来不关心我"，类似这样的语句显然是不客观的。

人在这个社会上有寻找肯定的需求，他从你这里得不到肯定，不仅不会给你肯定，而且还可能去别人那里寻找肯定。所以，不要轻易否定一个人。

> 人在这个社会上有寻找肯定的需求，他从你这里得不到肯定，不仅不会给你肯定，而且还可能去别人那里寻找肯定。所以，不要轻易否定一个人。

"都是你的错！"这样的话如果在愤怒之下已经说出口了，但请记住，它只是在你们发生"战争"时，你情急之下拿出的一个伤人武器，并不应该成为你对他的一个结论。在你的内心中，应该清楚地知道，难道真的都是他的错吗？你一点责任都没有吗？你只有这样想，并找出自己的责任，你才会发现，自己并不是受害者，自己也要负一定的责任，此时，心中的怒火才可能平息。

有时候，我与先生发生矛盾，在气头上我会说一些用于与之较量的话，不想在口头上就被他"打败"，事后我又会偷偷地问自己，他真的像我刚才说的那样不好吗？这也是我近几年才有的"觉悟"。当有了这个觉悟，我就继续悄悄地找出他的各种好来。慢慢地，思维引导行为，自己也就不觉得那么委屈了，有时候站在他的角度去想，觉得他比我还不容易、还委屈呢！

出现问题时最快速有效的解决方式：不是找责任人承担责任，而是认识到责任是双方的，你要主动承认自己的责任，并愿意朝着好的方向去修正。对方大多都会感受到你的这种大气。他也会愿意跟你一起修正他的不足。我相信没有人是"战争狂"，只要一方不恋战，"战争"通常都不会持续多久。

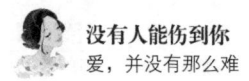

> 两个人的关系出现问题,我喜欢各打二十大板。如果只打别人不打自己,就会纵容自己,或是产生"受害者"心态,怨气难消,而且问题得不到解决,下次还会重现。现在想想,你打别人的同时,或你打过别人之后,打过自己吗?

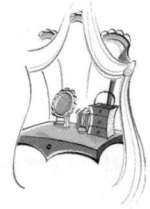

焦点解决问题

很多恋人或夫妻之间的某些矛盾,似乎永远解决不了。尽管他们力图通过平静的沟通把问题解决掉,但遗憾的是,每次平静的沟通都会变成大声争吵,以失败告终。有时候就像两人面前有一个结,彼此都怀着良好的意愿努力想要把结打开,结果却事与愿违,越解结越大。慢慢地,变成一个死结。

有一对夫妻,都自认为是讲道理之人,都觉得自己在外面跟朋友沟通没有任何问题,可是一回到家里跟对方沟通就非常费劲。双方都感觉跟对方讲道理讲不通。最后双方都默认不沟通是最好的办法,因为每一次吵架都太伤感情。他们保持日常交流,但基本没有心灵上的沟通。

我们来看看,他们每次沟通(或吵架)的内容。

"你觉得你这样做合适吗?"(就当前问题追究对方责任。)

"我没觉得有什么不合适！你倒是应该想想你自己！"（同样，只看到对方的责任。）

"我怎么了……想当初，你是怎么对我的！"（由当前问题转移到历史问题。）

"那还不是因为你……你自找的！"（在历史问题中也不断挖掘对方的责任。）

"谁让你父母……那样对我！"（表示责任不在自己。）

"我父母怎么了……你能不能不那么敏感！"（反复强调问题不在自己，而在对方。）

> 新问题的解决并不一定要建立在老问题先解决之上，况且很多堆积的问题真的说不清到底是怎么造成的。那么，当我们遇到问题时，如果先不找原因，不追究责任，而是直接解决问题，会怎样？

"是我敏感吗？还是你太自卑？"（很容易发展到人身攻击，而且没有人愿意得到"敏感""自卑"这样的评价。）

……（沟通继续下去，就会发展到彼此相互指责，矛盾永远找不到根源。）

"我们之间已经没有感情了！"（一方心灰意冷。）

"是的，没有感情了！"（在这一点上，双方倒是很容易达成共识。）

以上只是一个他们大致的沟通流程图，他们每次发生矛盾进行沟通的时候，几乎都会重复以上内容，都很自然地从当前问题转移到历史问题上。都想把问题的根源挖掘出来，但又因为彼此都不可能承认是自己的问题，所以每次都是争吵，彼此消耗了很多能量，问题没有解决，却大伤感情。

想一想，你是否进入过这样的模式？结果怎样？

有人说，只有找到根源，下次才不会发生同样的事；只有追究到责任，下次"肇事者"才会小心不再犯。这种思维确实有道理，但如果根源找不到呢？或是你找到的"根源"对方无法与你达成共识呢？这个问题要一直停留在找原因的阶段吗？

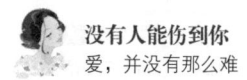

没有人能伤到你
爱，并没有那么难

要知道，新问题的解决并不一定要建立在老问题先解决之上，况且很多堆积的问题真的说不清到底是怎么造成的。那么，当我们遇到问题时，如果先不找原因，不追究责任，而是直接解决问题，会怎样？就像下面这幅图：

怎样产生的？ ←往后倒— 问题 —往前走→ 要如何解决？

当我们把大部分精力都耗费在"往后倒"时，就会忘了"往前走"。还是上面的沟通场景，我们换一种沟通思路，也许情况会大不一样。

"发生这样的事情我很难受。但我很珍惜现在的生活。"（先给问题定一个总基调，让对方知道你的方向是积极的，你在建设，而不是破坏。）

"难道你觉得我不珍惜吗？"（都承认自己珍惜现在。）

"我知道这件事上我有责任，近段我对你的关心太少……我以后会……"（表达以后自己会怎么做。）

"我的压力也很大，这次是我做得过分……你说的我以后也会注意。"（自己以后会怎么做。）

"都有做得不好的地方，我们一起慢慢改吧！"（为解决问题而共同努力。）

……（默认，达成共识。）

不纠结于过去，把目标指向未来。其实只要以这种思想为指导，"我知道都有责任，现在我愿意改，你愿意吗？"彼此之间就会减少很多不必要的消耗。人生已经不易，又何必把精力都耗费在那些说不清、道不明的事情上呢！

第 6 章
痛心：舔舐伤口的快感

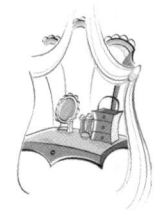

彼此之间贴标签

有很多问题，一两次的沟通根本解决不了，因为彼此已经"积怨很深"。当一个人对另一个人的不满或判断上升到对方的人格问题、遗传基因问题、童年受伤遗留下的问题等层面时，这个问题就很难办了。因为在他的头脑中已经有很强的思维定式——对方犯错是有他固有根源的。

有一位男同学突然打电话给我，说妻子要跟他离婚。原来，他在外出差正好碰到了前女友，跟前女友亲切地会面交谈，并一起共进晚餐，叙说旧情，重拾暧昧。要说这事怎么被妻子发现了呢？妻子不小心看了他们的聊天记录。于是，两人大吵一架。站在一个朋友的角度，我觉得他做得不对，无论他自我感觉多好，身边有多少红颜知己，结了婚就得收敛，可他并不觉得这有多大的错，而认为妻子小题大做了。他不停地说："她是单亲家庭长大的，就是缺乏安全感。"

这已经是我第三次听到他这样评论妻子了。他和妻子相识一年后结婚。婚前曾有一段小插曲闹得两人差点取消登记。这位帅气的男同学在遇到妻子之前有过好几任女朋友，而且他平时女人缘也不错，在这一点上作为未婚妻的她非常在意，提出先不结婚。即使他把自己的所有财产都交给她，还把房

> 自卑、敏感、懦弱、霸道等都是我们形容一个人的贬义词，也是我们对一个人的负面评价，但这些词最好不要作为某件事的归因。

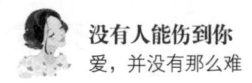

没有人能伤到你
爱，并没有那么难

子过户到她名下，她还是不放心。由此，他得出一个结论，她是单亲家庭长大的孩子，缺少安全感，她对谁，对任何事都谨慎、敏感、不放心。他能做的就是呵护她，尽量不让她感到安全感缺失。

婚姻是个漫长的过程，他不可能做到时刻小心谨慎，不触犯她的忌讳——他这样想。所以，每每他们发生矛盾，他都认为责任在对方，因为"她是单亲家庭长大的，敏感，没有安全感。"

他的妻子确实从小没有父亲，由母亲一手带大。她也会认为所有的问题都是自己缺乏安全感造成的吗？"他是什么人我还不知道？就喜欢跟女人鬼混。"这是妻子一直以来对他的固有评价。他们登记结婚前的那次吵闹，起源于她无意中听到他在电话中与一个女生说话暧昧，打情骂俏。他对此的解释是他在与一个女客户谈工作。"女客户谈工作用得着口吻那么暧昧吗？"她认为他在感情上不够专一，风流成性，所以她拒绝和他领证。

婚后，双方都心存芥蒂。她认为他的爱不坚定，朝三暮四，让她没有安全感；他认为她从小单亲家庭长大，所以太敏感，缺乏安全感。彼此早就有了成见。遇到什么不好的事都习惯性地往对方身上归因。什么都是对方的错，因为他（她）就是那样一个人，这是从他（她）一贯的表现得出的结论。

我觉得这个习惯在人际关系中几乎是致命的。我不喜欢别人"认定"我是一个什么样的人，特别是一些不好的词汇加在后面。比如，我小时候，很多人认为我身体消瘦，就是个需要照顾的人，事实上我挺会照顾自己和家人的。当然，我们很难避免不给别人下定义，特别是在你敏感的事情上有人犯了你的忌讳，下次他再犯，你就很可能因此断定他（她）是一个什么样的人了。

自卑、敏感、懦弱、霸道等都是我们形容一个人的贬义词，也是我们对一个人的负面评价，但这些词最好不要作为某件事的归因。我曾听到一位男士与朋友们聊天时聊到妻子，说妻子把他看得太紧，妻子在生活中对

第 6 章

痛心：舔舐伤口的快感

他有很多要求，妻子自尊心太强、很敏感……一切都因为她太自卑。

"自卑"这个词我最近经常从朋友们嘴里听到，他们倒不是说自己，而是说他们的恋（爱）人。一副"我是正常的，他（她）是自卑的"的姿态。比如，有这样一位男士说了这样一番话："我夜不归宿，她就跟我大吵大闹，因为她担心我在外面做对不起她的事，她不放心我，是因为她太自卑。她不相信自己有吸引我的魅力……确实，她各方面条件都不太好，要身材没身材，要家境没家境，要成就没成就。"

他这样的描述也可能是真实的，毕竟一个人的自卑感确实能导致因对他人的掌控感太弱，而产生紧张和焦虑。我们先假设妻子的自卑是成立的，但若丈夫总把妻子的自卑拿出来说事，丈夫就不够厚道了，因为这样更容易强化妻子的自卑感，而且当他这样说的时候，他也承认了对方确实有自卑的理由，比如对方家境不好啦、学历低啦、长得不漂亮啦，等等。如果为她着想，在意她，就应该减轻她的这种自卑感，或是积极帮助她找到自信。

当然，还有很大一种可能，妻子的"自卑"只是他说出来的，不一定是事实，当他认定一切都是由妻子的自卑造成的时候，就会忽略自身的一些问题。比如他在与朋友聊天的时候，绝不会对自己夜不归宿的事主动做出解释，而把问题的焦点都转移到妻子的"自卑"上。给对方贴标签就是给自己找了个开脱的理由。问题是，这样有利于亲密关系的维持吗？

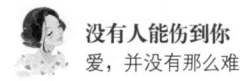

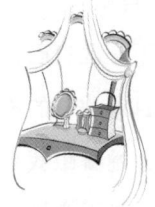

你为何痛得"不可自拔"

没有人能伤到你,是说一个人若内心强大,就可以将那些外在的伤害减弱或者屏蔽掉,这是一个修炼的过程。

受伤总是难免的,我们需要足够的恢复力,在短时间内调整身心,恢复到从前,甚至比以前更快乐。遗憾的是很多人受伤后想到的并不是早日恢复,而是沉浸在伤害中不能自拔。很多人说"不可自拔",我一直坚信,除去生理上的强大力量,没什么是不可自拔的,很多人不是不可拔,只是不想拔。

看看哪些行为会造成我们的"不可自拔"呢?

第一,不断强化自己的伤害。

痛苦的记忆谁都不愿意留在脑海里,但一时抹不去怎么办?有些记忆就让它存储在脑海深处就好,不用刻意地忘掉。试一试,你越是告诉自己,不要去想,你的大脑偏偏就会去想。当一个人说"我不愿意去想过去那些事"或"别在我面前提他"的时候,他(她)内心肯定是没有放下的。刻意回避并不是好办法。

有些事说出来,当时会舒服一点,但说一次就是强化一次,你的记忆就会更深一点。多年以后你可能会记得你曾经对某人说过什么话,或是说过什么事,但你绝不会记得曾经想对某人说一件什么事。就像我们看文章一样,一篇文章你自己看一遍,和你看过之后再给人描述一遍,两者在记忆中的存储程度当然是不一样的。

很多人对于往昔的美好经历都很擅长忽略,但是对于过去的一些痛苦的、尴尬的经历却是记忆犹新。一个在不断回忆痛苦经历的人,就是在不断地重温痛苦。要想从痛苦中解放,就需要很理智地关掉痛苦的阀门。就是让它们安安静静地待在内心的某个角落,没必要经常把它们拿出来晒。

第二,任由自己沉浸于痛苦中。

有一个女孩,她相恋三年的男朋友爱上了别人,突然跟她提出分手。她当然无法接受,每当想起过去男孩对她的种种誓言,看到他发给自己的信息,以及他送的礼物,她就痛苦万分,特别是夜深人静的时候,常常情难自制地抽泣。一个曾经那么爱自己的人,现在却是伤自己最深的人。

她每天以泪洗面,她习惯了他的存在,觉得自己已经离不开他了。她要挽留。于是,给他打电话,可他不接,给他发信息,他不回复,后来对方换了电话号码,她根本连人都找不到了。

这种结局是最让人不甘心的。不管怎样,她一定要把他找到。那段时间女孩根本无法正常工作。后来干脆辞职专门去找他。终于有一天,女孩在一个咖啡厅看到了前男友,当时男孩怀里还有一个漂亮女孩。前男友为了摆脱她的纠缠,当众奚落她。这对她是个巨大的刺激。她开始抽烟、喝酒、乱交男朋友。她想报复前男友,也希望麻醉自己。可是,她的这些行为最终既没有对前男友产生任何影响,也并没有让自己麻醉。她陷入了越来越深的痛苦之中。

有些事情发生后,会给我们造成很大的伤害,虽然我们不知道多久可以彻底恢复,但至少可以让自己朝着恢复的

> 一个在不断回忆痛苦经历的人,就是在不断地重温痛苦。要想从痛苦中解放,就需要很理智地关掉痛苦的阀门。就是让它们安安静静地待在内心的某个角落,没必要经常把它们拿出来晒。

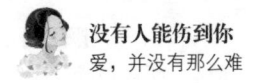
没有人能伤到你
爱,并没有那么难

方向去努力,有意识地保护自己不再继续受伤,或受第二次伤害。

除了以上两点,还有一种重要的力量让受伤的人们不愿自拔,那就是——仇恨,不甘心。有一个女孩说自己想报复那个男人。他们交往了一年后,她才发现他原来早已结婚,有两个孩子。她曾在他的手机里发现过一些小孩的照片,也曾有过怀疑,但都被他否认。他信誓旦旦地说自己是单身。当他的谎言被戳穿后,他说自己是真心爱她,而嬉皮笑脸地希望她和他的妻子做姐妹。这样的伤害,是可忍孰不可忍!所以她正谋划着怎么报复他,即使鱼死网破也在所不惜。

这种心情当然可以理解,可是报复又会给自己带来什么呢?我说,当我们遭遇损失时,最明智的办法是考虑及时止损,而不是再花大量的成本去捞回损失。何况,这种损失可以判断几乎是无法挽回的。

每个人的生命中总会有些遭遇。有一些需要我们努力争取,甚至固执地去改变;而有一些根本没有必要苦苦追问"为什么""凭什么"。我曾举过这样的例子:某天,你精心打扮一番,开开心心地去赴约,马上就要见到心爱的人了,万分激动。可就在这时,路上突然窜出一个恶心的家伙打了你一拳。你顿时愤怒之极。当即,与这个家伙讲理、纠缠、单挑都是情理之中的事。问题是,你那位心爱的人,你还有时间去见他(她)吗?你还有时间跟他(她)一起共进午餐愉快地玩耍吗?

疼痛,常常让我们忘掉生活的本意。即使受了伤,我们也有必要提醒自己:我们的一生应该在追求快乐中度过,而不该把大好的青春花在与不值得的人周旋上。

"难道真的要这样放过他吗?"先想想,怎样才能放过自己。

第 6 章
痛心：舔舐伤口的快感

很多人经常在受到伤害后生气、郁闷、自虐，甚至割腕，服毒，跳楼等……本来被伤到已经很不幸，为何还要给自己增加更大的不幸？

没有人能伤到你
爱，并没有那么难

　　每当我情绪低落的时候，我就会告诉自己，现在的我正处于"抗拒期"，我不会一直这样下去，等过了这个阶段，内心就会慢慢平复，会做出相对理性的思考和判断，然后进入接受期，进而便是恢复期。

第7章
纠结：
心已不在还能过下去吗

"心已经游离在外，生活还能逆转吗？"

人生苦短，别让行程太寂寞，有一个相爱的人陪着你，一双温暖的手牵着你，比什么都重要！

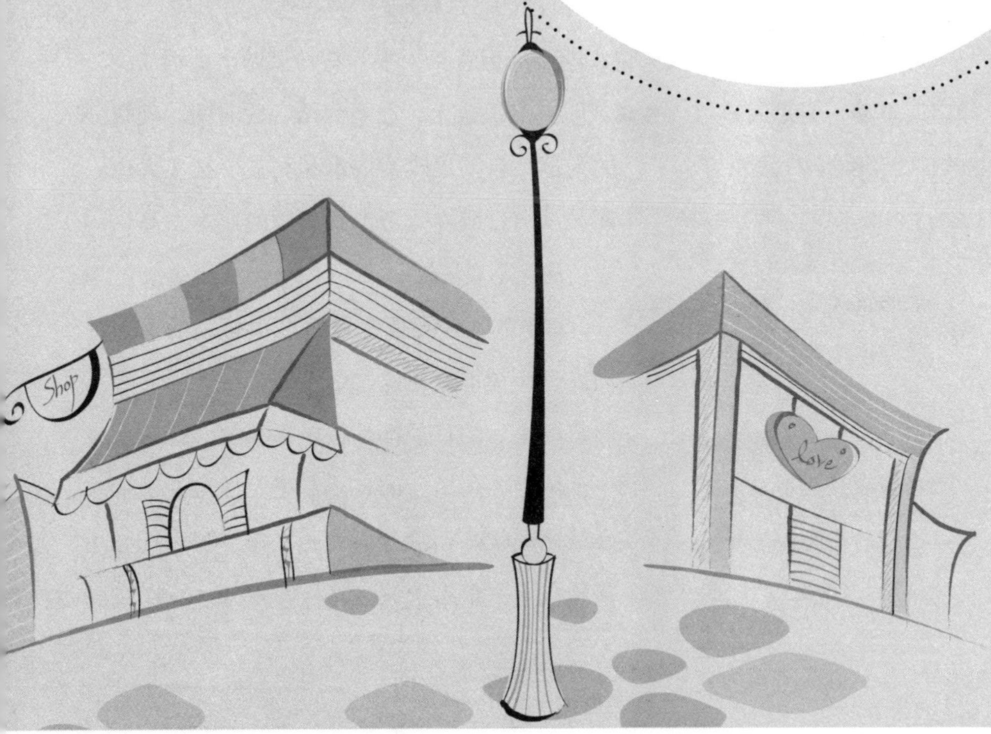

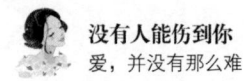

没有人能伤到你
爱,并没有那么难

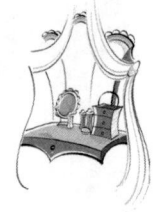

心已不在还能过下去吗

小范围同学聚会上,女同学们八卦到了一位男同学出轨的事。

女同学A说:"好在他的妻子不知情。"

女同学B说:"就算知情她也未必会离。"

女同学C听到后,义愤填膺地说:"要是我,马上离,要完大家一起完,看谁更惨!"

最后,我幽幽地来了一句:"离了,然后呢?"

C瞪大眼睛看着我,问:"不离的话,这样能过吗?"

对于冲动型人格的人来说,遇到伴侣背叛,很容易马上做出离婚的决定或举动,但是大多数人在离或不离的决定上,总要纠结一段时间。理智的人都会自动地权衡成本和利益。很多人想离又没离,或许是考虑到离婚的成本太高,或结局比不离更惨。

C非常不理解那些在婚姻中将就的女人们。"幸福不会比这些更重要吗?"因为她假定离婚后的日子都是快乐幸福的。这只是一个假定,离婚后的日子对于女性来说,未必就比现状好,没有男性的支撑,独自抚养孩子,下一个男人又会怎样?未知。所以在

> 在有替代对象出现的情况下,人们离婚的概率就会增加,因为人们以为自己看到了幸福的未来,事实证明,其中部分人看到的是假象。

对未来没有把握的情况下,很多人选择了维持现状。

然而,一辈子这么短,真的要勉强过下去吗?

在有替代对象出现的情况下,人们离婚的概率就会增加,因为人们以为自己看到了幸福的未来,事实证明,其中部分人看到的是假象。

"一个人变心了,勉强过会好吗?"C就这个问题不停地追问。我说:"如果彼此都没有了感情,当然没必要勉强过下去,但或许对方只是短暂的游离——就像我们看电视剧累了也想要歇会儿,看到新鲜、有创意的广告,眼睛也会随之一亮呢!"

对,最好是短暂的,如果不是呢?还是回到开始的话题,如果不是,人们也会考虑离婚成本。C的疑问又来了,"成本比幸福更重要吗?"

不要以为幸福就仅仅是玫瑰花,是纯净的矿泉水。幸福与一个人的生活满意度有很大的关系,而生活成本是生活满意度中很重要的一个影响因素。如果离婚后一个人带着孩子过得凄凄惨惨,比不离时过得还水深火热,不也是另一种不快乐么?

C问:"为什么就凄凄惨惨?"我说:"这只是假设。如果一个人认定离婚后自己会过得很潇洒,又或者他认为自己的婚姻到了非离不可的地步,当然可以选择离婚。"

我们的上一代人,无论自己受多大的委屈,宁愿一辈子不快乐,也闭口不提离婚这件事,为什么现在人们动不动就离婚了?过去,人们受到传统观念的影响,认为想要和恋人在一起生儿育女就要结婚,选定了一个人就要过一辈子,离婚是一件耻辱的事情。现在人们的观念转变,不想过了就离吧。人们对婚姻的随意性态度恰恰影响了婚姻的品质。

现代社会赋予人的自由度越来越高,人们也越来越关注自我感受,当亲密关系出现问题后,大家都没有太多耐心去寻找解药,大概都认为寻找一个新人更容易更轻松吧!婚姻中只要出现丁点儿问题,很多人总会充满自尊地告诉自己:"你不在乎我,自会有人在乎我!""我并不是离不开

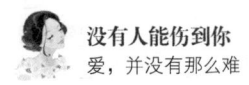

你!"这种想法虽然教会了人们独立,但也教会了人们对婚姻更加随意。

并不是我的观念有多传统,每当有人问我:"这种情况,你觉得我离还是不离?"我都让他们把这个问题搁到最后再说。很多人对爱人还有感情,但无法接受对方背叛的事实,处于极度纠结中。我让他们弄清楚一个问题:离不离其实并不是最重要的,最重要的是一定要清楚两人是怎样从夫妻恩爱走到了非要分道扬镳的今天。就算离,不也要离个明白吗?

"心已经不在了,这日子还能过下去吗?"这几年有不少读者与我讨论这个问题。我只想说,对你们的关系有一个客观的判断,如果你认为彼此的关系是可逆的,那么就做出一些举动来逆转;如果你认为已经不可逆,就是说你已经无法说服自己跟对方继续生活下去,或是对方铁了心要跟你分开,那么就没必要再纠结于此了。好合好散么!

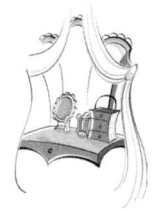

离,还是不离

天底下并不是所有的爱情都能天长地久,也并不是所有的夫妻都能白头偕老。

在结婚时,很多丈夫都对妻子说,我爱你,我将一辈子呵护你,让你成为世界上最幸福的女人;妻子对丈夫说,在我的生命中,最美好的事情

第 7 章
纠结：心已不在还能过下去吗

就是遇见你。这样的誓言让旁观者们感叹：世间的事最美好不过如此了！然而，多年以后，丈夫可能挑剔妻子没情趣，妻子可能挑剔丈夫没出息，两人打成一片，让旁观者再次感叹：这世间的爱情真的靠不住。

当日子已经过得没意思的时候，当自己无所适从的时候，离，还是不离——这是个问题。

> 很多人情感出现问题后急于分手或离婚，主要是因为他们把现状想得太糟糕，而把下一段情感又想象得太美好。

有一次，Bety来我办公室谈工作，我们谈完正事后闲聊起来。她当时刚刚离婚四个月，看起来自我调整得还不错。几个月前，她曾在离与不离的问题上非常纠结，想看心理医生，但询价后觉得太贵就放弃了，当时又到书店看书，希望有一本书能给她答案，但遗憾的是没找到一本关于离婚主题的书。离婚后，她感觉自己调节得差不多了，就开始着手一件事——采访一些离异者，希望能将资料整理成书，以帮助像当时的自己那样无助的朋友们。

我的另一位朋友Yun与Bety的经历很相似。几年前，她的夫妻关系非常不好，但鉴于某些原因又无法坚定地提出离婚，总在离与不离的边缘挣扎。她也很期待有人能告诉她，这种情况下自己该何去何从。当时，她也到书店转了一圈没找到答案，后来找到我，希望我写一本相关内容的书。

写这样的书，想必是有一定市场的。我问Bety要在书中表达什么样的观点。她说要鼓励大家，离婚后的生活更精彩。我当然很佩服她这种"积极"的生活态度，但每个人的情况不一样，站在自己的主观角度一味地鼓励离异，并为离异者摇旗加油未免有些不妥。

在我和读者的交流中，感情不合的人十之八九都动过离婚的念头，但结果日子照样过，有的人过得还越来越美好。对于纠结于要不要离婚的人，通常我会问其三个问题：

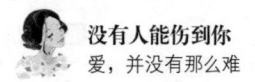

没有人能伤到你
爱，并没有那么难

1. 你还爱他（她）吗？
2. 你现在能感受到他（她）对你（家庭）的关心吗？
3. 你真的想离婚吗？

不要听你对我说了什么，你对他（她）说了什么，要听听你自己内心的声音。

离婚只是生活事件之一，想好今后的路怎么走再做决定。无论何种原因，一个你与之生活了多年的人，突然就与他分开，至少在生活上会有些不习惯。无论他好还是不好，你已经习惯了他的存在。

很多人情感出现问题后急于分手或离婚，主要是因为他们把现状想得太糟糕，而把下一段情感又想象得太美好。另外，现在越来越多的女性进入职场，在经济和精神上都获得了独立，女性对离婚的恐惧不再那么大，在以前，妻子被丈夫休掉是一件很不光彩的事，而现在男女都有了离婚自由，女性要承受的社会舆论压力相对小了很多；而那些想离婚却暂时没有离婚的夫妻们，则主要因为对离婚代价的恐惧、道德责任感以及社会评价的压力。

婚姻最无奈的一种形式就是犹如鸡肋，食之无味，弃之可惜。彼此生活在一起时，自己也说不清还有多少情感在里面，而一旦要离婚，又会很痛心。

因为情感困惑找我咨询或聊天的人很多。每个人状态不一，有的人肝肠寸断，一蹶不振，有的人要与对方鱼死网破，有的人则变成了私家侦探，神经高度紧张……无论形式怎么样，本质都只有一个：不接受。

其实，事情发生后只有两种选择：接受（不离），或不接受（离）。当然，也有第三种选择，似接受非接受（要离不离）。真正让人痛苦的是第三种。

Win结婚后对未来的想象基本上默认了一种结果，那就是与他白头到老。她觉得城市太吵闹，经常幻想老了以后和他隐居山林，在某个山村建一所小房子，种些蔬菜，养些家禽……过上只有两人的世外桃源生活。

第 7 章
纠结：心已不在还能过下去吗

现在，她再也不敢去想这些东西了，因为她心里的所有幻想都被丈夫打破。她恨丈夫做出背叛自己的行为，更恨他打破了她心中的美好。她容不得纯粹的婚姻中有一丝杂质，所以她主动要求离婚。每次看到丈夫都会觉得他肮脏，还会想起那个女人的影子，可是，她对他的爱与依恋又有一股很强大的力量，让她无法割舍。他不在家的时候偶尔会想起他，想起他的好。她非常难受，像走到了一个三岔路口，不知道何去何从。

她的感受我特别理解，就像一个有洁癖的饥饿者，手里捧了一碗可以充饥的米饭，却发现米饭上有层灰。把米饭扔掉又会饿，不扔心里又过不去。

其实这样的事情在生活中很多，一方肉体出轨被另一方知道后，另一方坚持离婚，可离婚后各自仍然思念对方，爱着对方。这时的双方其实更加痛苦。被背叛者会想，我到底做错了什么，他要这样对我，明明彼此是相爱的，为什么非要有瑕疵；而背叛者会想，我已经承认了错误，而且决定痛改前非，你还要我怎样？

爱得越深的人，越会维护情感的纯洁性。通常完美主义者都不太接受任何情感上的瑕疵，宁愿扔掉，也不愿捧着一块有污点的美玉。一些受传统观念影响较深的人，也总认为婚姻应该保持高度的忠诚度和纯洁度，比如很多有处女情结的男人，宁愿不结婚也不愿意找个非处女，如果妻子在这方面欺骗了自己，自己会有一种受辱感，也很容易提出离婚。

婚姻生活中发现一点瑕疵，或是与自己预期的纯洁度偏差太大，人们实在无法接受，那么就只有选择远离。

对于很多人来说，离婚恰恰不是问题的解决，而是对问题的掩饰，比如人们的婚外情会掩盖夫妻间很多早已存在的矛盾，如果不把这些矛盾找出来，并进行反思，只是强制性地要求背叛方断绝与小三的联系，这个问题还是没解决，即使离婚后再婚，下次婚姻中还会出现同样的问题，那时还继续选择离婚吗？

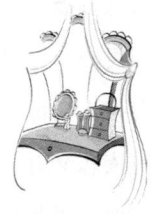

是苦海，就要早点游上岸

对于离婚的问题，一般情况下，我会尽力多了解一些信息，"宁拆十座庙，不破一桩婚"，但是，拆十座庙能救一桩婚吗？若婚姻变成一种桎梏，还继续维持下去，绝对是违反人性的。

有一次我与一位律师聊天，聊到了女性的权益问题。她前段时间刚好到某所女子监狱办事。这座监狱一共关押了2000多名女杀人犯，而且基本上都是杀死自己丈夫的女人。初看到她们时，很难把她们和杀人犯联系在一起，有的那么娇小瘦弱，手无缚鸡之力。那么一个弱小的群体，怎么会是杀人犯呢？确实，她们杀了人，而且是杀了与自己朝夕相处的丈夫。

她们在进监狱之前，都是老实本分的家庭妇女，大多是长期饱受家庭暴力，有的为了自保，有的为了保护孩子，最终被虐待到了极限，在没有办法之下，奋起反抗把丈夫杀了。虽说她们没有权利剥夺他人的生命，但她们的内心遭受了多大的煎熬？最终她们由受害者变成了罪犯。再善良柔弱的人，当自己的生存受到威胁的时候，也会拿起武器反抗。

可能出于对孩子的考虑，对社会评价的考虑，对生存问题的考虑，很多女性在

> 纠结要不要离婚的女性，除了遭受家庭暴力之外，对方吸毒、嗜赌成性，长期给家庭带来灾难和焦虑，对另一方就是婚姻的桎梏。我一般都会建议尽早脱离苦海。

家中受到委屈，都会一直扛着，她们委屈为了求全，到最后却不一定求得了全。非要等到自己的承受能力到了极限，再采取反抗和报复的行为，结果就一发而不可收拾了。

处于严重家庭暴力和长期精神虐待中的女性，即使有时候在婚姻里尝点甜头，也要意识到，自己的人身安全才是最重要的。没有什么比这样的婚姻更糟糕的了，即使以后一个人过，无依无靠，至少自己的生命和精神不会受到威胁。

为什么很多人在这种恶劣的情况中，仍不愿意终止婚姻呢？原因有多种，最主要的恐怕是当事人自己的依赖性问题。一个人的依赖性越强，被抛弃所产生的焦虑也越强，也越不允许自己被抛弃（所以越独立自信的女性越容易有离婚的念头）。她们没有逃离的胆量与信心，或是对被虐已经习惯了。

在心理学上有一个"斯德哥尔摩效应"，是说被害者对加害者产生情感，甚至反过来帮助犯罪者的一种情结，这种情感造成被害者对加害者产生好感、依赖心，甚至协助其加害其他人。受害者会对加害者产生一种心理上的依赖，他们的生死操纵在对方手上，对方让自己活了下来，他便不胜感激。人们会有这种屈服于暴虐的弱点。

很多女性在朋友和家人面前哭诉被丈夫殴打，事后又会为丈夫辩护："其实，他也没那么坏""他那天心烦，所以才打我""他也挺可怜的"。这种理解他人的思路值得提倡，但要以自己的人身安全得到保障为前提。

在我看来，一个家庭中除非双方正好一个是受虐狂，一个是施虐狂，相互在折磨与被折磨，在殴打与被殴打中体验着快感，否则这都不是正常的爱情和婚姻，几乎没有快乐和幸福可言。这种情况下，受虐的一方就要自救，而且还要懂得寻求社会机构的保护。

纠结要不要离婚的女性，除了遭受家庭暴力之外，对方吸毒、嗜赌成

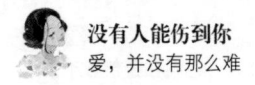

性，长期给家庭带来灾难和焦虑，对另一方就是婚姻的桎梏。我一般都会建议尽早脱离苦海。

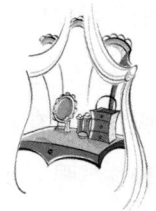

孩子能留住婚姻吗

面临婚姻的破裂，生个孩子能挽救婚姻吗？夫妻是否会看在孩子的份上，将一份名存实亡的婚姻维持到底？

我们先看看孩子的降临到底对婚姻有什么影响。一般来说，有这样两派观点：一种是丁克到底的夫妻，他们认为孩子会影响夫妻的二人世界，不利于夫妻原有亲密关系的持续；而另一种观点认为，孩子是夫妻爱情的结晶，夫妻因此产生了共同语言，也有了共同责任，这样当然更利于夫妻情感的稳定。

事实上，到底是怎样的呢？

有数据表明，"长子和其他孩子在学龄前提高了婚姻的稳定性。至少在短期内，年幼的学龄前儿童趋向于使他们的父母在一起，否则他们可能离婚。但是年长的孩子和婚前出生的孩子显著地提高了婚姻破裂的可能性。随着孩子的成长，可能孩子使父母在一起的抑制效应慢慢减弱，身为父母的压力增加了婚姻的压力，从而增加了离婚的风险。"

心理学家认为孩子只是延迟，并不是阻止夫妻离婚。孩子的降临，使得离婚的成本高于继续婚姻的成本；使得妻子局限于家中，工作的自由性减少，有孩子的人比没孩子的人在婚姻中可能感到更多的安全；离婚会对孩子的成长产生愧疚感，在离婚过程中存在一些困难，比如孩子的监护权、离婚父母共同抚养孩子、单亲问题等，所以从某些程度上来说，孩子的到来确实能挽留一段婚姻。

> 离不离婚是自己的事，不要把这个决定强加在孩子身上，让孩子背负一生的重担。

然而，就算婚姻不幸福，夫妻也要为了孩子而将就一辈子吗？

我们常听到这样的抱怨："要不是为了孩子，我早跟他离了！"几乎每年的新闻都有报道，高考过后离婚率陡然上升。

夫妻离异对孩子的影响是巨大的，如果不处理好，可能会影响孩子的一生，所以很多人会尽量维持一个完整的家。但如果让孩子在一个充满火药味的家庭中生活，将来长大了，还让他面对一个为了他而"忍辱负重"多年的母亲，他的心理压力会有多大？

为了孩子不离婚的想法是伟大又无私的，但没有离婚是否就真的对孩子的成长有益？

对于孩子来说，他们需要一个安全、温暖、可依赖的港湾，那就是有父母亲在的有爱的家庭，但是家庭的功能丧失，只是一个房子和两个陌生人甚至是天天打架的两个敌人，这样的家孩子可能早已不再眷念。孩子需要的不是完整的家，而是完整的爱。

如果还要"为了孩子"把日子过下去，那就努力让家庭充满欢声笑语吧。也许很多人会说，这很难做到！是的，很难，但这只是"很难"，而不是"不能"。

觉得日子实在过不下去了，那就分开好了，因为内心的不满会通过

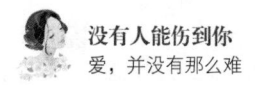

表面传递给孩子和家人;如果还不是坚定地想离婚,那就努力经营好自己的家庭,以前的那些恩怨情仇就让它们过去吧,至少不要刻意挖掘出来。千万不要自己决定不了,而把这个重大的罪过推给孩子。

很多孩子小时候不知道父母之间的恩恩怨怨,当他长大,母亲就哀哀怨怨地说:"要不是因为你,我早就离了,我的日子能过成这样吗?"这个时候早已懂事的孩子就会恨恨地来一句:"离吧,你现在去离!"接着,母亲就大骂孩子是"白眼狼"。孩子是无辜的,叫他们如何承受得起母亲的痛苦人生?

离不离婚是自己的事,不要把这个决定强加在孩子身上,让孩子背负一生的重担。

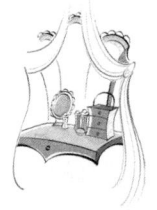

保护婚姻大坝的三块基石

没离婚的女人仍在遭受磨难,离了婚的女人在后悔。有什么办法能开开心心地将日子继续过下去吗?

一位女性有点后悔离婚。其实两年前她就发现丈夫在外面有新欢,她说开始发现的时候难以接受,后来很"宽容"地想了想,孩子还这么小,就这样吧,等他玩得差不多了自然就会回来。于是,她把关注点全都放在了孩子身上，主动放了丈夫一马，对他的事装作不知道，也不闻不问。家里由她和她的母亲一起照顾孩子，丈夫每月固定给家庭生活费用，夫妻俩基本没什么交流。让她没想到的是，他给丈夫这么"宽松的条件"，最终丈夫还是提出了离婚，而且态度很坚决。一气之下，她就同意了。现在事隔大半年，她竟有些后悔了。

> 没有人能对将来给出一个确定的结果，但是几乎所有人都会相信，积极的态度带来积极结果的概率要比消极态度带来积极结果的概率大。

这件事一点都不奇怪。她自认为对丈夫宽容，可也许正是她对丈夫的不闻不问让丈夫感到缺爱。经常有人劝慰女人说"你就睁一只眼闭一只眼吧"，意为放宽一点标准，别那么苛刻。这没什么不对，可事实上，遇到问题冷处理也未必都行得通。就好比在水坝大堤上，你发现了一个小缺口，你认为没什么关系而放任自流，结果可能造成整个大坝的坍塌。

如果不想让婚姻的大坝决堤，那就重视这个小缺口吧。很多出轨的人，有的玩够了就回来了，有的玩着玩着就走了。她本以为他会回来，没想到他却走了。他去意已决，又有什么办法？当危机出现，或自己对现状不满的时候，就是自己做出改变的时候。我们没办法改变别人，只能改变自己，否则就是听天由命。他留下了就留下了，走了就走了。

任何人际关系都需要维系，都需要我们为此做出一些努力。如果不好好经营，它就会按它自身的方向肆意发展，而达不到我们想要获得的目的——从中获得快乐。婚姻关系也是如此。

不快乐的夫妻，通常都缺少沟通，彼此不了解对方内心所想，在关系互动中经常意见相左，无论是心灵还是身体都已经有了一定的距离。

一般来说，人们处理问题婚姻有三种态度：一种是继续生活下去，等待时机改善痛苦。痛苦的夫妻关系让人不愿提及，加之离婚的成本太高，

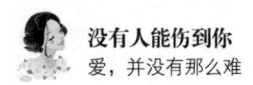
没有人能伤到你
爱，并没有那么难

因此，受伤的一方会隐忍地坚持下去，期待生活会得到改善；另一种是忽视对方，无视对方的存在，甚至任由婚姻关系恶化，他们希望将痛苦和不满忽略掉，但这样恰恰加速了彼此情感的分离；还有一种是表达他们在乎的内容，采取积极的措施，比如共同讨论、寻找建议、尝试改变等。

人们不同的选择，当然导致不同的结果。也许还是有很多人会问，日子已经过成这样了，还能得到改变吗？没有人能对将来给出一个确定的结果，但是几乎所有人都会相信，积极的态度带来积极结果的概率要比消极态度带来积极结果的概率大。

我们经常说婚姻需要经营。主要有三个方面需要重视——经济（物质）、沟通（精神）、性（身体），也就是说，很多婚姻的破裂其实在初期都表现在这三方面上了。

首先说经济，在任何一个团体中，经济都起着决定性的作用，它是维持生活的物质基础。从人类的需求层次来看，经济是放在最底层的。人们只有吃饱、穿暖，保持正常的生存（生活）水平才有精力去谈情说爱。

如果夫妻间整天为明天吃什么发愁，为孩子没钱上学发愁，为没钱治病发愁，为没有养老保障发愁……有太多不顺心的事，自然会影响到感情生活，哪里顾得上那些吃大餐、看电影、到处旅游等能给情感带来正能量的浪漫事呢！一般而言，有金钱危机的夫妻，由于体验到经济压力，不如那些小康之家的夫妻对婚姻满意度高，拥有金钱容易使人离婚，但贫穷也会引起婚姻紧张，从而损害婚姻。

其次，是沟通问题。家庭经济属于物质上的婚姻保障，彼此的沟通则是心灵上的保障。夫妻间沟通的原则是，把自己的真实想法表达出来，当对方表达出他（她）的想法时，确认你所理解的正是他（她）要表达的。不要代替对方去感受，不要猜测。对于生活中的一些重要问题，需要专门的时间深入讨论。不管是孩子的教育问题，还是父母的赡养问题，或是情感上的问题，双方都需要深层次的交流。在交流的同时，站在对方的角度想问题，更能让你理解对方。

　　心理学家约翰·戈特曼和罗伯特·利文森曾做过一项研究。他们观察已婚夫妻对上一次争执的回忆，并对伴侣在讨论中的行为仔细进行了编码，对每一个表示热情、合作或者和解的行为加1分；对每一个表示愤怒、防御、批评或蔑视的行为减1分。一些夫妻彼此能以尊重和善意的方式向对方表达不同意见，他们谈话时间越长，他们的正得分就越高。研究者认为这些夫妻离婚的风险很低，而另一些夫妻争执中充满了讽刺和轻蔑，在这种情况下，谈的时间越长得分越低。当研究者比较这两组夫妻时，发现低风险组的夫妻比其他夫妻对婚姻更满意。后来事实证明了，高风险组的夫妻有一半以上在四年后离婚或分居，而低风险组的夫妻则只有不到四分之一的人分手了。也就是说，<u>不能维持大量正面交流的夫妻，其婚姻失败的风险要增加一倍</u>。

　　除了上面两点，还有一个维系婚姻的重要因素就是性爱。自古以来，性爱似乎都是人们难以启齿的话题。然而在夫妻两人相处中，性爱感受却占了很重要的位置。虽然在现在这个开放的社会，很多离婚的夫妻口头上不愿意承认性生活出了问题，但性生活是否和谐确实是衡量婚姻生活品质的一个重要指标。性是一种自然的生理需求，是人的一种本能。婚内无法满足，有些人就从婚外寻找，如果人们对当前的性伴侣不满意，并且替代伴侣质量又很高，就可能出轨。社会心理学家认为，即使性生活还算满意，如果伴侣之间的性行为乏味、单调、次数又少，男女双方都更可能追求婚姻外的性行为。所以生活中，有一部分人发生婚外情是从婚外性开始的。

　　夫妻关系也是一种人际关系，也要遵循人际交往中的互惠原则。如果双方的需要在生活中都能得到满足，自我价值能得到对方的认可，能感受到对方的体贴和关怀，彼此的幸福感就会上升，婚姻也会比较稳定；反之如果得不到满足，就很容易产生情感疏离和心理孤独，产生不良情绪，而不愿意继续将婚姻维持下去。

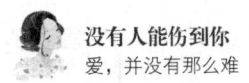

最后，心理学家发现符合下面这些条件的夫妻通常不会离婚：20岁以后结婚；都在稳定的双亲家庭里长大；结婚之前谈了很长时间恋爱；接受过较好且相似的教育；有稳定收入；居住在小城镇或农场里；结婚之前没有同居过或怀孕过；彼此之间有虔诚的承诺；年龄、信仰和受教育程度相似。

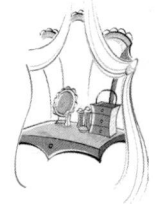

原生家庭给了你多少影响

在婚姻关系的影响因素中，除了夫妻的主观方面，还有一个很容易被人忽略的客观因素，那就是双方原生家庭带来的影响，这种影响的力量可以说是非常强大的。

Wee结婚后，每当跟丈夫吵架就跑回娘家寻求安慰，开始一段时间丈夫还主动把她从娘家接回来，后来丈夫也懒得接了。她的父母听了女儿对女婿的控诉，也认为女婿做得不对，坚决不让女儿回夫家。过些日子后，Wee其实有点想回家了，但父母不希望女儿再受委屈，"你回哪儿去呀，这里就是你的家！"

现在，Wee要是坚持回去的话，觉得有些对不起父母对自己的"保护"；不回去吧，又特别想念她的丈夫，这可如何是好呢？

第7章
纠结：心已不在还能过下去吗

看来，夫妻内部矛盾还是内部解决比较好。

普天之下，可能只有父母对孩子的爱是不容怀疑的了，但父母给孩子的束缚也是不可忽视的。我们的一生中有两个家：一个家是我们从小长大的家，家里有父母和兄弟姐妹，这是我们的原生家庭；当我们长大结婚后，和配偶又组成了一个新的家庭，这就是新生家庭。新生家庭经常会受到原生家庭的影响。<u>每个人在原生家庭长大，一些生活模式早已在我们身上打下了深深的烙印，而且这些都是潜移默化的，都是我们习惯的东西，习惯到我们自己不会意识到它们的存在</u>。当新生家庭产生，另一种截然不同的生活模式走入自己的生活时，会感到不舒服，甚至不理解、抗拒。

Nana和未婚夫同居一年，现在纠结于要不要与其结婚。因为在同居期间她发现了对方很多问题。

比如，她认为对方的父母不如自家父母。"我家比较爱说笑，爱关心人，为别人着想；他和他的家人给我的感觉是自私、自我。"

她认为男朋友的母亲心态不好，"她妈妈生病，其实也不严重但心态不好，我妈也有心脏病啊，但是心态好，从不给我什么压力。"

她认为男朋友的母亲特别溺爱男朋友，"他回父母家，他妈还把他身上的脏衣服脱下洗了。他回去却只是待一边看书上网，也不与他父母过多交流，这与我家完全不一样。"

接着，她叹息道："人家都说嫁一个男人等于嫁了一个家庭，等于选择了一种生活方式，所以我选择他不

> 你跟一个人谈恋爱，很有必要到他（她）家里看看，不是让你看他（她）家有多豪华，有多有钱，主要看看他（她）的父母是怎样相处的，他（她）的父母对他（她）的态度，以及他（她）对父母的态度，等等。如果你看到的和你家成员的相处模式，或是你的期望相差甚远，那就慎重考虑你们的关系。

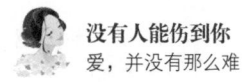
没有人能伤到你
爱，并没有那么难

够有信心。"

"当我看到他的妈妈时，我觉得看到了他身上所有缺点的起源地，所以我特别不喜欢他妈妈。"Nana说。这样的问题可能是很多女孩的困惑，因为我不止一次地听到一些女性拿自己的父母与男朋友（丈夫）的父母做比较，最终结果当然是对方家比不上自己家。包括我自己有时候也会想，先生的父母为什么不能像我的父母一样理解和关心我呢？有些问题我的父母会这样解决，为什么他们要那样解决呢？对于诸如此类困惑，我很快就找到了答案：并不是别人做得有多么不好，而是自己的期望出了问题。

每个家庭的生活方式本身就是有差异的，而社会文化对男女的期望和态度也并不一样：很多家庭认为男孩子生活自理能力不如女孩，而且男孩子就不应该做一些琐碎的事，包括家务；而女孩的家庭中，女孩往往从小就被培养做家务，传统的观念也认为女性将来就是管理家庭事务的。比如，一个十五六岁的女孩，如果她的衣服脏了，她的母亲可能叫她脱下来自己洗掉，而对于一个这样大的男孩，母亲可能就习惯性地为他把衣服洗掉了。

家庭的生活方式千姿百态，家庭环境对一个人从小的成长产生很重要的影响，而且这种影响根深蒂固。如果这一点无法理解，且无法宽容，非要找到一个与自己的家庭同一种模式下培养出的孩子做自己的人生伴侣，那么最终注定让人失望。

当然，两个原生家庭之间的差异越小，今后出现的矛盾会越少。记得有一次《社会心理学》课上，老师和我们开玩笑说，你跟一个人谈恋爱，很有必要到他（她）家里看看，不是让你看他（她）家有多豪华，有多有钱，主要看看他（她）的父母是怎样相处的，他（她）的父母对他的态度，以及他（她）对父母的态度，等等。如果你看到的和你家成员的相处模式，或是你的期望相差甚远，那就慎重考虑你们的关系。

当时我哈哈一笑，谈恋爱的时候人都是感性的，谁管那么多啊！现在看来，老师并没有跟我们开玩笑，人永远与跟自己相似的人相处最和谐。所以恋爱的时候，能站在长远的角度，理性地选一个与自己家庭背景相似的人很有必要。只是，当自己已经做出了选择，走入婚姻，无法随意更改的情况下，就有必要接受别人生活方式与你的不同，不要去比较。

原生家庭对新生家庭的影响深远，要是两个家庭的成员都住在一起，问题就更突显了。在父母眼里，孩子即使成年了也仍然是孩子，他们习惯了用自己的羽翼罩着孩子，疼爱孩子。所以各自的父母会疼爱各自的孩子。比如我的家里，我母亲过来小住，所有家中本该我做的家务琐事她都会替我做完；先生的母亲过来小住，不仅做了家里的家务，吃饭时还会给他夹菜，超市购物后还会习惯性地抢着提重包。这都是父母对孩子爱的表现。我经常想，这都是一代代传承下来的习惯，尽管我现在有意识地培养孩子的自立，做个"懒妈妈"，可能等我老了，也会不自觉地表现出对孩子的过度关爱。

人与人（家庭与家庭）之间有差异就会有分歧、有矛盾。很可怕的是，很多夫妻出现矛盾时常常伴随着双方的家族大战，亲戚朋友，七大姑八大姨都掺和进来，本来只是一个小问题，结果就变成了不可收拾的大仇恨。夫妻的矛盾只是两个人的力量在较量，但如果双方的家人都参与进来，这种较量的力量就强大多了。我们要做的就是，减少两股力量的较量，至少不要再增加分量了。

所以，当夫妻间有高兴的事发生时，可以跟各自的父母分享，当一些不愉快的事情发生时，最好不要把各自的父母牵扯进来，别总想着回娘家搬救兵，他们强烈的爱你之心可能反而会给你帮倒忙，真正能救得了你的人是你自己。

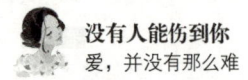
没有人能伤到你
爱，并没有那么难

在有替代对象出现的情况下，人们离婚的概率会增加，因为人们以为自己看到了幸福的未来，事实证明，其中部分人看到的是假象。

第 7 章
纠结：心已不在还能过下去吗

　　就像一个有洁癖的饥饿者，手里捧了一碗可以充饥的米饭，却发现米饭上有层灰。把米饭扔掉又会饿，不扔心里又过不去。

没有人能伤到你
爱,并没有那么难

不能维持大量正面交流的夫妻,其婚姻失败的风险要增加一倍。

第 8 章
援助：
当心里生病要找医生

"我真的不知道该找谁了！"

如果自己支撑不下去了，就不要再一个人扛着了。只要你愿意，总有人能帮到你。

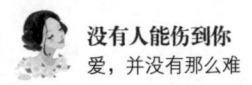

没有人能伤到你
爱，并没有那么难

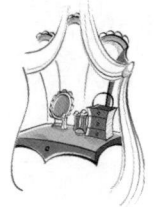

当你伤心你会想起谁

当你感到伤心难过的时候更愿意一个人待着，还是希望有人听你倾诉，把心中的委屈都说出来？当你彷徨无助的时候，你更愿意一个人死扛着，还是希望有人陪你一起找到问题解决的办法？

如果你希望有人陪你走出困境，你觉得这个人或这些人是谁？不妨现在想一想，是否有人在你最需要的时候能给你最及时、最有效的帮助？

我们每个人都有自己的局限性，当有些问题自己处理不了时，要懂得求助。你的家人、亲属、同学、朋友、甚至同事、客户等都有可能帮你把问题解决掉。有时候对于你来说是一个很大的问题，或许对他们来说只是举手之劳，他们的一席话能让你茅塞顿开，他们伸出的手能救你于危难之中。他们能为我们提供多方面的支持，比如安全感、信息、忠告等，所有这些都能降低我们的无助感，增强我们应对事情的信心和承受力。

这就是我们的社会支持系统。女性通常比男性更懂得运用社会支持系统，当受到压力时，男性更容易变得富有侵略性，自己解

> 社会压力太大，我们需要为自己找一个安全的地方；敞开心扉，我们需要一个属于自己的心灵栖居地。适度的向人求助，不仅自己能得到帮助，而且还会提升人与人之间的亲密程度。助人者也会因为助人而感到快乐。

决问题，或在情绪上退缩，而大多数女性则是第一时间打电话告诉朋友，或者仅仅只是倾诉释放压力，或者希望得到帮助。

一个人的承受能力是有限的，总有压垮自己的最后一根稻草出现。几年前我认识一位朋友，她找到我的时候情绪非常不稳定，感觉自己已经快要撑不下去了。她的家庭条件不太好，她的父亲去世比较早，而她是家中长女，15岁的她初中辍学出来闯荡，从小到大什么事情都是自己拿主意，遇到任何问题都得自己解决，她不知道谁能帮她，也没有人帮她。这么多年来，她已经习惯了自己的"强大"。这次她和丈夫离婚，紧接着又遇上一个难缠的官司，她这些天神经高度紧张，心力交瘁，觉得活得特别压抑，身体也出现了明显的状况——没有食欲、失眠、掉头发。我问："你的家人知道吗？"她摇头，这些事谁都不知道。她已经离婚四个多月了，母亲和弟弟妹妹都还不知道。我是她第一个告知的人。

也许是她完全出于对我的信任，也许我与她没有任何利益关系让她放下戒备求助，也许她实在急需一个人给她一些支撑了，总之，当她把自己的经历完完全全讲述给我听之后，感觉舒服多了，其实，仅仅只是她说，我听而已。后来，有时候我会给她一些建议，有时候也给她一些直接的帮助。

我的邮箱永远有我来不及回复的读者来信。我觉得求助应该也算是人的一种本能。只是有的人社会支持系统没有建立起来，有问题的时候不知谁能帮到自己。父母吧，他们已经老了，不想让他们为自己担心；朋友吧，好像没有谁能交心的，说给他们听反而会让他们看不起自己；同事吧，与自己有工作上的利益关系，这些个人隐私的事不便对他们说；专家吧，人家都不认识我，为什么要帮我……自己的社会网络搜了个遍，到头来没有一个可以依赖的人。

从2012年我建立"心灵栖居地"QQ群以来，一直到现在每周都有新成员加入，而且该群的活跃度异常高，真是很难得。开始时我尽量抽时间和

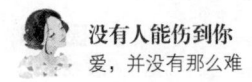

大家聊天,大家遇到的一些典型问题,我们一起讨论、总结,后来由于工作原因,我留在群里的时间慢慢变少,但大家的讨论却一点都没减少。大家既到这里倾倒了垃圾,也找到了精神上的支持。在满满的正能量中,大家一起成长——相互关心,相互鼓励,相互开解,有时候我看到大家的对话,也受益匪浅。

社会压力太大,我们需要为自己找一个安全的地方;敞开心扉,我们需要一个属于自己的心灵栖居地。适度的向人求助,不仅自己能得到帮助,而且还会提升人与人之间的亲密程度。助人者也会因为助人而感到快乐。

有人跟我交流时,强调"你不要告诉别人啊""这件事我只对你说",这些人大多缺乏安全感,或防御心比较强,或觉得自己的事丢人,难以启齿,或担心被报复,等等。其实,现在社会化服务系统日益健全,很多实际的问题可以求助于社会服务机构,比如民政局、福利组织、妇联等;心理上有困扰可以打心理热线,或是做心理咨询,看心理医生。

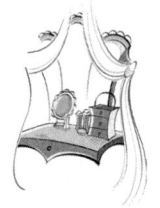

你的那些"心理医生"们

如果一个问题已经严重地影响到你的生活,让你寝食难安,感觉自己不能再扛下去了,那就不要再扛了,请求别人的帮助一起想办法把心理问

第8章
援助：当心里生病要找医生

题解决掉。

人们在受到委屈时，总习惯于找朋友倾诉，把故事的原委告诉给自己觉得可靠的和可信赖的人，希望得到他们的支持，好为自己"平反"。当自己与他人处于敌对阵营时，想办法为自己这方拉人气是很正常的，也是可以理解的，但你的这些倾诉对象真的能为你解决问题吗？

> C就像一名不负责任的医生，把患者的伤口划开，看了看里面到底哪些地方坏了，然后啧啧地告诉A"你这个问题很严重啊！"，然后就……没有然后了，自己离开了手术室，把患者孤零零地留在了冰冷的手术台上。

A和B因为一些事情闹了矛盾，现在关系很紧张。A认为自己是受伤害方（当然，其实双方都受到了伤害）。A在朋友C面前尽力列举自己的理由："……你看，这事我没什么错吧。""这完全是他造成的吧！"于是，C为了表示同情也好，为了表示理解或关心也罢，不停地点头同意。这就更加加重了A的伤害感，事情好像比开始变得更严重了。

有一句话叫"解铃还须系铃人"，C不是那个系铃的人。

倾诉能减轻自己的不适感，释放压力，这一点是毋庸置疑的。可能有时候，A只是仅仅把自己的遭遇说出来而已，问题也就解决了一大半（当然，他知道自己哪些该说，哪些说多了会给自己带来更多的困惑）。A的目的可能并不是要在朋友面前指责B，他只是需要一个出口，让自己释放。

然而，还有一种情况：A打心眼里就认为自己是对的，B就是错的。当A找朋友C倾诉的时候，如果C是个负责任的人，他会看出A在表述时所掩饰的一些问题，尽量客观地看待整个事件，帮助A分析事情的起始，引导A先清理伤口，再回顾自己是如何受伤的，怎样避免今后不受到同样的伤害，同时也会提醒A，在受到B攻击的时候，是否也攻击过B，让A反思，接受、调整认知和心态等。

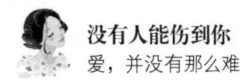
没有人能伤到你
爱，并没有那么难

遗憾的是，A碰到了一个不负责任的C。C做的事就是迎合A，甚至还无中生有，煽风点火，激起A更多的悲愤，让A的伤口敞开后无法闭合。C就像一名不负责任的医生，把患者的伤口划开，看了看里面到底哪些地方坏了，然后啧啧地告诉A"你这个问题很严重啊！"然后就……没有然后了，自己离开了手术室，把患者孤零零地留在了冰冷的手术台上。一个伤口，如果敞开后不做任何处理，就会面临发炎，伤势更严重，甚至器官坏死。

当一个人生病了，怎样能快速恢复健康？除了他自身的免疫力外，医生的选择很重要。我们身边的每个人都能算做一个"心理医生"，只不过他们有的医术高明，有的医术一般，有的是庸医。甚至有的医生自己还一身病，不知所措，在他自己都自顾不暇的情况下，你又能从他那里获得什么呢？

我经常跟一些失落的朋友说，要与积极乐观的人在一起。你可以想象，一个刚创业受阻的人碰到了一个公司刚倒闭的老板，他们聊天的结果会怎样？

所以，我们常看到一大群受到伤害的人在一起集体"反刍"。似乎每个人不说出点自己受伤的事来都对不起听众。群体的力量是巨大的，慢慢地，大家都陷入某种群体的负面情绪中，久久不能出来。有的人本来伤口都要愈合了，结果在悲愤的氛围中，又主动把伤口撕开给人看，血流满地。

身体的疾病和心理疾病看医生并不是一回事。相对来说，身体的疾病，我们会如实告知自己的身体有哪些不适，自己曾做过什么，可能由哪些原因引起，而心理上的困扰就没那么简单了，大多只是告诉"心理医生"别人曾对自己做过什么。

出于某些原因，比如他人的评价、想为自己伸冤、自己认识不够等，在描述问题的时候会出现一些偏差，这样就会影响"心理医生"做出正确的判断和诊断。大多数情况下，当事人会把情况描述得比客观更严重，一方面是为了引起"心理医生"（家人、朋友、倾听者等）的注意；另一方面是他情绪失控，无法控制地要表现出自己的委屈和无辜。或许本来没那么严重的疾病，"心理医生"给你误判严重了。你终于得到了你"预期"的结果，而这个结果却可能让你纠结一辈子。

现在想想，你身边的那些——经常为你"治病"的"心理医生"们，都靠谱吗？

扛不动了就找专业援助吧

前些年，说到要让某人看心理医生，感觉就像在骂人"神经病"似的，人们即使心里背负着巨大的压力，也不好意思踏进心理门诊。现在人们的观念发生了变化，我身边很多朋友遇到问题，都会主动请我帮助推荐心理医生。

建议某人看心理医生，真不是骂人。心理医生的任务并不是专门为精神病患者进行治疗，一般的健康人群遇到问题都可以向他们求助。心理咨询和治疗的范围其实很广泛，只要你心理上、情绪上有痛苦、烦恼，甚至在事业发展上有困扰，他们都能给你一些指导和帮助。<u>现在越来越多的人把心理咨询看作是注重生活品质的象征，而不是为自己"治病"。</u>

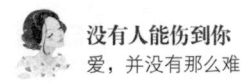
没有人能伤到你
爱，并没有那么难

当人们有意识地想请求专业心理辅导或治疗时，问题又来了——哪里可以找到真正能帮到自己的心理医生呢？要去医院挂号治疗心病吗？

有一位朋友到某医院挂号心理科，希望医生能帮她解决心理困惑，却发现"治疗过程"完全不是她想象的那样。医生只是简单问诊后，让她做了一套测试题，最后开了些药给她。她原本没觉得问题有多严重，现在反而开始怀疑，"难道我的问题严重得要吃药么？"她感觉找错了医生，因而很失望。

> 一名好的心理咨询师真的能让来访者获得重生。他们会与来访者在商榷、讨论中使来访者自己发现一些问题，并通过分析，调动来访者自愿去解决一些问题，他们会引导来访者自己找到解决问题的办法，让来访者个人获得成长。当你感到心情压抑，压力无处释放，或是对自己的处境无所适从的时候，可以考虑选择专业的心理辅导人员来协助你解决问题。

其实，我们常说的"心理医生"只是民间通俗的说法。人们的理解是这样的：为我们医治躯体问题的职业人士，我们称之为"医生"，理所当然，为我们医治心理问题的职业人士，就是"心理医生"了。事实上，如果你了解心理治疗的过程，就会发现这样的称谓并不妥当。因为医学和心理学是相对独立的两个领域，工作者的思维模式有很大的区别。医学是以生物学、物理学、化学等学科为基础发展起来的，医生有严谨的逻辑思维，他们会寻找事物之间强烈的因果关系，并根据事实证据对病因做出判断；而心理学则是以哲学思辨发展起来的，是一个思辨的过程，心理工作者则是带着情感帮助来访者（求助者），他们与来访者的互动过程是非逻辑的，他们寻找事物的相关关系，而不是因果关系，在他们眼里，一个人的口误、梦境都是有意义的，甚至很多心理治疗技术依靠心理工作者自身的经验来操作，并没有可查证的、严谨的依据。

第8章
援助：当心里生病要找医生

心理上与躯体上的治疗过程有很大的不同之处。想象一下，如果你心里难过的时候，一位穿着白大褂的医生坐在你对面，严肃匆忙地向你问诊。看到他高高在上的样子，感受紧张的氛围，你的内心又怎么能放松？如果没有真诚、平等和尊重，心理治疗在开始就是不成功的。从这个角度来讲，那个协助我们解决心理问题的人，我们称之为"心理咨询（治疗）师"比"心理医生"更加妥当。

生活中，我们常说的心理医生实际上是精神科医生和心理咨询师。他们最大的区别是：前者是医生，具有处方权。当求助者有必要进行药物治疗时，他们可以开处方，但是他们有一部分是没有经过心理治疗方面培训的。后者则是进行心理治疗与咨询专业培训过的人员，他们通过一些心理上的技术手段帮助求助者解决心理问题，但他们不是医生，所以没有处方权。其中有一小部分精神科医生并不满足于对患者的药物治疗，他们把药物治疗和心理治疗相结合，开创了许多有效的治疗方法，比如精神分析疗法的鼻祖弗洛伊德，认知行为治疗的开创者贝克等。对于心理问题严重或复杂的精神心理障碍的人，他们是最好的求助对象。

一般人有心理问题或困扰都可以求助于心理咨询师，如果情况比较严重，达到一定的心理疾病标准，他们会将求助者转介给精神科医生。

心理咨询师通过"话疗"来帮助求助者。在不用药物的前提下，他们会有各种其他的疗法，一般会以口头引导为主，也有不同流派疗法，比如催眠疗法、叙事疗法、音乐疗法等，目的都是引导来访者回到自己的内在，面对自己，转化自己的情绪和信念模式，找到自己面对问题的答案。

那么，心理咨询师和来访者有怎样的互动呢？像电视节目中那样吗？我们经常在一些电视台以及电台看到或听到一些"人生导师"为人们排忧解难，口若悬河，把当事人点评得一把鼻涕一把眼泪，甚至有的不顾当事人的感受，站在道德的高度去批评、指责当事人。台下的观众看得或义愤填膺，或泪流满面。

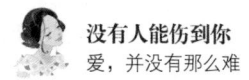

千万不要以为这就是心理咨询的过程,这只是一台节目而已,它的背后不是对当事人的问题进行解决,更多的是对收视率的追求。也不要把那些电台热线当成心理热线,那些最多只能算心灵鸡汤,或许都算不上。我们今天可以利用收音机、电子邮件、电话等方式来求助解决自己的问题,如果在对方对你的情况了解甚少的情况下,仅仅通过一番电话,就指导你该如何做,这样的"心理咨询师",你觉得靠谱吗?

心理咨询师有一定的职业道德,他们会替来访者保密,让求助者感到安全和平静,同时,他们也会遵守价值中立原则,不会指责任何一位求助者。一名优秀的咨询师不仅能够控制谈话方向,也能控制自己的情绪,有足够的智慧帮助和指导来访者走出困境。我有时候也看到一些所谓的心理咨询师,当听到求助者的悲惨故事后,比对方的情绪更激动,甚至有的当听到求助者曾犯过某些错后,忍不住对其指责一番。这样的咨询师自身的一些问题都没解决,又怎么能去帮助他人?

一名好的心理咨询师真的能让来访者获得重生。他们会与来访者在商榷、讨论中使来访者自己发现一些问题,并通过分析,调动来访者的自愿去解决一些问题,他们会引导来访者自己找到解决问题的办法,让来访者个人获得成长。当你感到心情压抑,压力无处释放,或是对自己的处境无所适从的时候,可以考虑选择专业的心理辅导人员来协助你解决问题。

最后,来个温馨提示:心理咨询师给求助者提供的是服务,这也像我们购买商品一样,需要选择正规渠道的,或有口碑的商品,很多小作坊生产出来的东西有很多是质量不过关的,会有很多安全隐患。

第8章
援助：当心里生病要找医生

他人能帮你到哪一步

当你求助于他人的时候，你希望对方能为你做点什么？给你开点解药，回家服用几次睡一觉就好了？不可能那么简单。治疗身体疾病的药品，你也许能说出很多来，而心里生病了，你又能说出几种解药的名字？身体的解药与心里的解药，最大的不同是，前者在医生手里，后者在你自己手里。

有一次，我与一位陌生朋友聊天，对方得知我是学心理学的，马上给我出了一道题："我有一个大学同学，和老婆结婚几年了，孩子两岁多。老婆总要跟他离婚，说他喜欢在外面拈花惹草，不喜欢他和别人交往太多。以前我们经常叫他一起吃饭，现在都不敢叫他出来了。他老婆是单亲家庭长大的，而且现在没有上班，在家带孩子。你给说说，他们的问题在哪里？"

这样的问题，就好比，今天你头疼了，给医生打电话："大夫，我头疼，一阵一阵的，你看我是什么问题，给我开点什么药吧！"如果此时大夫告诉你患了某种病，要怎样治疗，这无疑是个江湖骗子。

具体问题必须具体分析，这样得出来的

> 我发现很多人对心理咨询治疗师都有一个错误的认识。他们希望自己求助的对象能帮自己解决当前遇到的实际问题，希望对方给自己出出主意，尽早渡过难关。

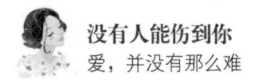

结论才是可信的。同样是一个头疼的症状,有的人可能是落枕引起,有的人则可能是颅内疾患引起。这两者的差距有多大!

另外,我发现很多人对心理咨询治疗师都有一个错误的认识。他们希望自己求助的对象能帮自己解决当前遇到的实际问题,希望对方给自己出出主意,尽早渡过难关。确实,很多心理问题都是由实际问题引发出来,或是由实际问题充当导火索后爆发出来的。解决心理问题必须先解决实际问题吗?比如一个女孩认为自己太胖是导致自己找不到男朋友的原因,心理咨询师不可能马上开一剂减肥良方给她;再比如,一个女孩认为自己收入太低,给自己造成了很大的心理压力,心理咨询师不可能想方设法马上为她介绍一份高收入的工作。

谁都希望面临的实际问题能得到最快速有效的解决,我也一样。因为对困惑中的人来说,似乎实际问题解决了负面情绪自然就会消失:减肥成功了,身材曲线出来了,自然就能找到男朋友;收入高了,自己承受的心理压力自然会消失。

事实真是这样吗?这只是求助者自己的诊断。很多时候他们的认知会有偏差,不合理。既然找了医生,那就让医生从专业的角度帮你诊断吧,看心理咨询师是如何引导来访者的。

一个自认为长得胖的女孩(事实上可能并不太胖),情绪低落的原因是自己找不到男朋友,恨自己太胖。她最希望解决的问题是,如何让自己减肥成功,甚至是到哪里可以找到合适的恋人。咨询师会告诉她,她是否真的很胖,她找不到男朋友的原因是否真是因为自己很胖。胖女孩就找不到男朋友吗?引导女孩一步步对自己的问题有正确的认识,对自己建立正确的、客观的自我概念,等等。

心理咨询师会通过一些心理治疗的技术帮求助者缓解情绪,帮他(她)分析情绪的来源,帮他(她)认清自己,通过一些技术手段,解决求助者的一些问题,帮助求助者获得成长。通过与咨询师的交流,求助者情绪得到缓解，认知中去除一些不合理的信念，内心和行为相应就会发生改变，知道了自己应该如何去做，而不是咨询师告诉她如何去做。在这个过程中，求助者得到了成长。

当然，人们在求助的时候，不可能理智地去想"我要成长""我要自己解决问题"。正是因为他们认为自己无法解决问题，才会向人求助。所以，很多读者找到我后基本上都是先说事情，等把自己的烦恼说完后，马上找我要答案："你告诉我，我该怎么办？""我要离吗？"甚至直接就告诉我："我希望你帮我做决定。"

我很感谢她们对我的信任，也很理解他们在无助时渴望得到帮助的心情，但是我不可能替她们做任何决定。一个人到了心情极糟，极其无助的情况下，很容易受人摆布（自愿的听人安排，因为他自己已经无能为力了）。她们希望别人为自己指路，但是谁又能保证别人指的这条路是一个最正确的选择，会一直通向光明？没有人能为你负责，除了你自己。

我相信大多数人在与我交流后或多或少都有所受益，即使仍然做不出决定，至少她们能稍微梳理一下自己的思路，冷静地思考一些问题；而对于有些人，当我最终告诉她们"没有人能替你做决定，除了你自己"的时候，她们难免有些失望。

或许，看到这里的时候，你对被求助的对象有些失望。原来是自己改变自己呀？！功劳还是在于我自己呀！没错。我们要明白，首先人们不可能一辈子不生病，其次，如果经常生病，大多是因为自己的免疫系统不够强大或出了问题。环境、药物、支持者等都是外在支持因素，真正要治愈，还是得加强自己的内在。

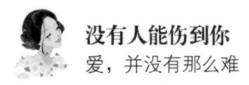

没有人能伤到你
爱,并没有那么难

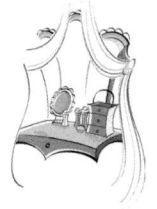

不要怀着打仗的心态去沟通

俗话说,解铃还须系铃人。一个自认为受伤的人,找人求助拿主意,有时候倒不如找当事人沟通,一起拿主意解决问题。

经常有一些人和别人有了矛盾,或对别人不满的时候,问我:"你说他到底是怎么想的啊!""他为什么非要这么做呢?""他难道就不知道自己错了吗?"

这些答案我也不知道。即使我想帮助他们找到答案,也只能用他们自己提供的线索。别说这些不够客观、信息量不够大的线索,就算我完完全全了解了事情的始末,我也没办法去帮他们猜测当事人到底是怎么想的。"你想知道对方怎么想的,就直接问对方好了。"面对面的沟通好过猜测。

一个情绪激动的人很难做到理性、客观地看待事情,甚至仅仅为了能"打个胜仗",什么伤人利器都能拿出来,毫不顾忌后果。

> 沟通的目的不是为了让对方认错,为自己平反,而是把事情解决掉。

比如,有一个男人做小本生意赔了钱,把孩子的教育基金都赔了进去。妻子知道后异常愤怒,说:"就你那德性还想挣钱?我当初都不知道是怎么看上你的!"这句话深深地伤害了丈夫的自尊心。他认为妻子瞧不起他。本来他已经认为自己是个失败者了,现在妻子还落井下石。男人在饭馆喝得不省人事，他念叨得最多的并不是自己生意失败赔了钱，而是妻子对他的蔑视和对他自尊心的伤害。妻子真是打心眼里瞧不起丈夫，还是一怒之下口不择言？这两者是有本质区别的。如果这只是妻子愤怒中说的一句气话，结果被丈夫当真。很显然，他们的生活中就又多了一些新的问题。

想要解决问题，最好的办法是平静的交流。通常情况下，矛盾的双方都想要先占上风，只想自己一吐为快，不去管对方是否听得进去，要么是各自说各自的道理，要么就是我说一句被你否定，你说一句被我否定。这种情况下，确实需要一个中立的裁判来指挥秩序。

记得在《扪心问诊》（in Treatment）中，Paul和妻子找Gina咨询的时候，面对这对争吵不停的夫妻，Gina给出了一个方法，叫做inigo，规则是：让妻子先说自己想要说的话，她说一句，Paul重复一句，仅仅是重复，不发表自己的任何意见。接着，换Paul说，妻子重复。因为有心理医生在中间，加上有强硬的规定，所以两人被迫安静地听进去了对方在说什么，他们第一次做到了真正的"听到了"对方在说什么。

这个方法用于愤怒中的两个人确实很管用（有"裁判"在场的情况下，而且严格遵照规定），但用于实践中却有难度，因为"战斗"的双方是不会按秩序来进攻的，而且他们之间没有维持秩序的中间人，但是我们多少可以从这个方法中受到一点启示：深呼吸，稳定自己的情绪，不论你听到什么，不管对方表达的内容对还是错，先不要着急去批判和指正，试着先体会对方的感受。当你没表现出攻击性的时候，对方自然愿意放下防卫，进而当你说的时候也愿意倾听。

接受对方并不代表你同意对方的观点，只是表示你愿意正视当前面临的问题。假若对方表示："我最受不了你的无端猜疑了！"你回答："那是因为你做了让我猜疑的事！"这样的话肯定会争执起来，因为你否定了对方的感受。若能认可对方的感受，而回答："我承认自己有时候会想太

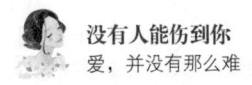

多,可能会让你感到不舒服……但是……"这样的话能让对方感觉到你接纳了他,而愿意跟你继续交流下去。

其实,沟通的方法和技巧有很多种。最基本的一条是:不要怀着打仗的心态去沟通。有时候不得不承认,我们谁都不愿意服输,特别是男性更不愿意承认自己做错了事、说错了话。无论在表面上多么有理,你也可以在表面上获胜,但一定要在内心承认自己的不足。当你这样想的时候,就更容易接纳对方,也更容易调整自己。

沟通的目的不是为了让对方认错,为自己平反,而是把事情解决掉。

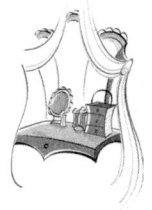

你刚刚到底说了什么

我能很明显地感觉到每一位向我求助的人,在描述问题的时候都不太客观,很多问题,追问到底,会发现对方的表述前后不合逻辑,面上说的和实际发生的根本不是一回事。一个人在情绪激动的时候,几乎不可能做到客观,这一点我很理解。我们的每种情绪,无论负向的还是正向的,都有它相应的作用。愤怒就是愤怒,喜悦就是喜悦。人不可能在愤怒的时候干出喜悦的事来。不可能在情绪失控的时候还能冷静又理智地想:"我可能错了""对方有对方的难处""我这样做是不对的"。如果有一天能做到那样，可能我们已经不是人，而是神了。

我发现，作为一个相对专业的人，在向朋友倾诉时，有时候为了引起朋友的注意，博得朋友的同情，我也会夸大事实，避重就轻，偏执地否定对方的一切好，哪怕纯属为了发泄，不解决问题。然而，当情绪高潮过去之后，我懂得了反思，我问我自己："我刚才都说了些什么？"在这里，我也想对所有倾诉者提四个可以帮助其事后反思的问题。

> 第一，你刚刚说了什么，实际上发生了什么？第二，你认为你对了，对方就一定错了吗？第三，你认为自己是受害者，对方就是迫害者吗？第四，你希望事情接下来如何发展？

第一，你刚刚说了什么，实际上发生了什么？

我们在描述问题的时候会不由自主地偏向于有利自己的方向。

有的人可能真的不认为自己的言行有什么不对。他们固执地认为自己看到的一切都是真实的、客观的；自己头脑里想的都是正确的、应该的。殊不知，他们看到的都是自己的好以及别人的不好。人们永远都是以自己的利益和标准做出判断，自认为是什么样就是什么样；还有的人能够意识到自己的问题，但不会轻易承认自己的不对之处，他们同样会把不利于自己的信息过滤掉，而输出的都是对自己有利的信息。选择性叙述自己有理的那些事，而自己做得不妥的地方会自动忽略，或有意掩饰。目的是为了在众人面前美化自己，积蓄力量好与敌对势力对抗。这种人比前者有觉察力和反省力，但他们的描述容易误导被求助者的判断。而且容易形成一种可怕的结果，当他们描述别人的错误次数多了，可能到最后自己都相信，就是别人错了。

第二，你认为你对了，对方就一定错了吗？

很多人把"我是对的"等同于"你是错的"，他们的头脑中非黑即白。其实二者根本不能划等号。首先，你不能确定你一定就是对的。你的

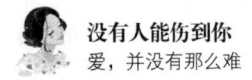
没有人能伤到你
爱，并没有那么难

判断标准是你自己定的，每个人对"对"的定义都不一样。其次，即使你是对的，那么有没有可能对方也是对的？因为很多事情无所谓对与错，只是人们站的位置不同，思考的角度不一样而已。凡事多几个角度去思考和体验，你的眼界会更宽，思维会更广。

第三，你认为自己是受害者，对方就是迫害者吗？

一个小女孩走路不小心重重地摔倒在地上，膝盖摔破了，大哭不止。妈妈跑过来狠狠地用脚跺了跺地面说："你这块不平的地面，真该死，害我的宝贝摔了一跤！"当你看到这个小场景的时候，发现什么问题了吗？地面即使静止不动，也被认为"伤害"到了他人。所以，当你感到受伤的时候，你认为是那块不平的地面造成的吗？

很多人认为自己是"受害者"，对方就一定是"迫害者"，事实上可能双方都是受害者，也都是迫害者。对于有感情的两个人，当关系破裂时，双方都会感到难受，而不仅仅是一方感到痛心。在你认为对方伤到你的时候，不妨想想，自己是否也给了对方一些伤害。

第四，你希望事情接下来如何发展？

不管你愿不愿意去想，时间都不会停止，事情总是要朝着一个方向去发展。比如，纠结于要不要分手的人，先问问自己想要分手还是不想分手。如果不想分手，那么自己是否正在为不分手而努力，还是在为这个目标设置一些障碍？

第 8 章
援助：当心里生病要找医生

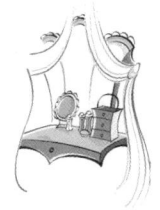

有毒的鸡汤不要喝

当一个人脆弱和愤怒的时候，就容易向外界求助，也很容易受到外界影响。那些站在你的角度，迎合你的情绪和为你撑腰的人，不一定都是"好人"，因为他们的言行可能更加误导你，让你钻进牛角尖出不来。比如，网上经常有一些看似很有道理的"应景"文字，说得我们心潮澎湃，如获至宝，本以为为自己找到了抚慰心灵的鸡汤，不想却可能是一剂毒药。

比如下面这些文字。

找一个人要这般宠你：愿意吃你吃不下的东西；从来不迟到，你迟到他不生气；记得你说过的所有事；你买给他的东西他都会喜欢；可以随时找到他；会一直保护你，害怕你受一点委屈……

一个女人遇到一个好男人，一辈子都不需要成熟，当一个女人越来越成熟越来越坚强，就证明她并没有遇到一个好男人……

聪明的男人会把他的女人宠得无法无天，让别的男人都受不了她的臭脾气……

包括前面我分析过的类似"最淡定的女人，没事从来不给男人发短信打电话……"的小短文，让暂时受宠的女人越看越得意，而暂时失宠的女人越看越失落，让还没谈恋爱的女人，以这个标准为准则去寻找恋人，

> 我们需要了解的真相是：幸福不等于完美，不等于无伤害。

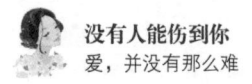
没有人能伤到你
爱，并没有那么难

已经恋爱结婚的女人，遗憾自己没有找对人。

我经常看到很多女性把这样的文字作为自己的签名，我也在朋友圈看到很多女朋友转发，接着很多人为之点赞。有的人转载是为了给自己励志，有的人是希望自己的另一半看到后好好学习。看来很多人成年之后仍然生活在童话世界中，或是他们拒绝进入现实。

这类文字被很多人称为"心灵鸡汤"，我不这样认为。真正的鸡汤是能滋补身心的。好的鸡汤富含的营养成分能帮助我们提高免疫力，使身体快速恢复健康。如今，微媒体很发达，每个人都可以成为鸡汤的熬制者（作者）。只是，他们中很多人功底有限，视角有限，熬制出来的"鸡汤"不仅不能滋补，反而会毒到人。所以，我更愿意称它们为"伪鸡汤"，它们不仅不能治愈受伤的人，更可能加强受伤者的痛苦感。

现在网络上很多伪鸡汤都传递给女人们这样的观念：你只有这样，才是幸福快乐的。比如一个女人，出门时丈夫给她提包是天经地义的，逛街累了回到家中丈夫给她揉腿是必须的，丈夫对她唯命是从才是爱她的，这样的女人才是幸福的……和她们相比，很多女人就"悲催"地发现自己原来是"不幸"的。

——这是公主般的生活，别忘了，你不是公主，你也没有当国王的爹。现在很多做妈妈的女人总是喜欢给孩子们创造一个不受伤害的真空环境，她们让孩子们以为世界都是美好的，公主都是有人疼爱的，坏人最终都得到了惩罚。等孩子慢慢长大，他们就会发现世界上还存在很多不美好的，甚至是邪恶的事情。那时候孩子才会无所适从。

如果一个人把现实和童话混为一谈的话，他注定要失望。很多女孩看了韩剧中的那些又年轻、又高大帅气、又体贴入微、又专情又有钱的男朋友后，就自然而然地在头脑中塑造了一个类似的男朋友形象。真正找到男朋友（丈夫）后，发现男朋友（丈夫）与那些男主角比起来，简直相差十万八千里，不禁感叹"他怎么那么不成熟""他怎么能那样对我"。她们对男朋友（丈夫）充斥着不满和抱怨。我们每个人对生活都有一定的期许，但有些期许未必是合理的。

其实，我自己也是看童话书长大的。小时候我看第一本童话书时就喜欢上了童话，后来母亲出差，只要看到童话书就给我买回来，不管哪个作者、哪个国家的。我喜欢看一些真善美的东西。好在我的生活都还比较顺利，包括恋爱、结婚，而且我的幸福指数一直都比较高。

曾有一段时间，幸福感突然下降。我疑惑了，不断地分析，我的生活到底属于幸福的还是不幸福的？为什么自己不被理解，为什么我的生活没有想象中完美？我非常急切地想知道，"这个世界上有一直都自认为幸福的夫妻吗？"我想知道，如果幸福指数是一个正态分布图的话，我的小圆点到底是处于中间还是两端？

后来，几乎所有的人都告诉我："几乎没有。""有吧，但那也是撞大运。"我也曾看到温格·朱利在《幸福婚姻法则》一书中写道："在这个世界上，即使是最幸福的婚姻，一生中也会有两百次离婚的念头和五十次掐死对方的想法。"我释然了。人就是这样，总是不断地通过比较为自己找平衡。

我为自己的困惑找到了答案。我顿时发现自己遇到的这些事，基本上每对夫妻都会遇到，在这个复杂多变的社会里，我们彼此的感情能维持这么久，婚姻的鲜度能保存于此，已经不易了，何必要追求那个幻想中的完美？

很多女孩子跟我说："我男朋友以前对我百依百顺，现在吵架了都不主动哄我。""我们现在好像都没什么话可说了。""我感觉他没以前那么爱我了。"我告诉她们，这都很正常。

浪漫的爱情都会经历一个由热到冷的过程。相恋的人，即使彼此爱到骨子里，他们的生活也不可能一直保持激情，分歧和矛盾会随着相处时间的增长而凸显出来。爱人间的相处就是不断产生冲突，化解冲突的过程。

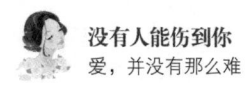

没有人能伤到你
爱，并没有那么难

那些不吵架的夫妻不一定比经常吵架的夫妻幸福感高，因为冲突很多时候体现了婚姻中的主动、参与、承诺和关心。

有一次，我和一位心理学老师参加一个活动。其中八十高龄的某著名歌唱家携手太太上台讲述两人的艺术之路，两位精神矍铄的老人夫唱妇随，很是让台下的人羡慕。结尾处，这位歌唱家牵着老伴的手，告诫年轻人要夫妻恩爱，并拿自己举例，非常自豪地说一辈子没有和太太红过脸……听到这里时，我有点质疑。

后来我和老师讨论此事，老师呵呵一笑，我们从小到大都是被灌输这样的思想，夫妻之间不吵架、不脸红就是和谐幸福婚姻的标准。好像没达到这个标准我们就觉得自己是不幸福的，自己的婚姻是不完美的。这样的思想其实并不太好，很容易让人灰心丧气。现实生活中，有多少对夫妻真正能做到一辈子没矛盾、不吵架？即使是同卵双生子，也不可能事事看法都一致。

我们需要了解的真相是：幸福不等于完美，不等于无伤害。

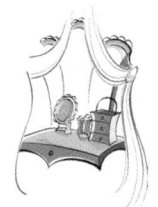

善待自己的抑郁情绪

有一位退休在家的阿姨，平时看起来精神状态很好，人际交往也不错，但是有一段时间她说自己身体状态不太好，对什么事都没有兴趣。于是，她就到医院去看心理科医生，医生给她开了一种助眠的药，说明书上写有抗抑郁的作用。

> 抑郁情绪也能给人们带来一些好处。就像很多人觉得悲伤、难过是不好的，但是历史上很多诗人、文学家恰恰是在恰当的负面情绪中创造出了很多佳作。

这下，她就很严肃地把自己的问题当成一回事了。有一次碰见我后，她非常紧张地问："抑郁症是不是很严重的病啊？你看我这问题严重吗？"她说每天晚上吃药的时候心里特别不踏实，自己怎么就患上了抑郁症！看来，医生给他开的那小瓶药增加了她不少焦虑感。

这位阿姨的具体情况我不太了解。我不能说看她外表以及人际相处一切正常就判断她没有患上抑郁症，但我很肯定地知道，她目前被自己的"抑郁症"给吓到了。我问她，医生给你诊断为抑郁症了吗？她回答，当时没问，但回来一看，开的药都是治抑郁的，可见自己还是得了抑郁症。

关于这个问题我曾与一位精神科医师交流过。就像身体疾病一样，心理疾病的诊断也需要做一些常规检查，而且从医学角度看，精神科医生认为一种心理疾病的诊断要达到一定的标准，比如症状的标准、病程的标准、严重程度的标准等。症状要影响到一个人的社会功能，比如不能正常工作、学习，也不能正常的与人交往等。生活中，大部分人都会有抑郁情绪，但远远达不到抑郁症的标准。

精神科医生在临床上经常遇到两类病人：一类是达到医学抑郁症标准的患者，严重的会有自杀观念，医生一般建议服药治疗，因为药物比较直接，同时辅助心理咨询，效果会更好；还有一类患者只是有抑郁情绪，一般做心理咨询就可以了，甚至他们通过自己的方式也可以解决问题。

对医生来说，他们宁可信其有，不可信其无，因为漏诊是医生的失职。医生们会习惯性地认为病人既然到了医院肯定要比自己想象的严重，

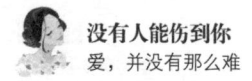
没有人能伤到你
爱，并没有那么难

因为一般人要不是情况特别严重的话是不愿意去求助医生的，小问题他们完全可以自己调节，何况很多的心理问题都是生活中遇到某些具体的负性事件所致，如果事件去除的话，问题也就解决了。

这就可以解释在生活中常见的一个现象：我们去医院看病，医生诊断开药，似乎已经是一种约定俗成的现象。我倒是很少听说谁去看病，医生看了一下说没问题，你走吧！有没有问题，都得多少给你开点药"治疗"一下。所以，我们不能通过医生开出的药物来自我判断病情。到底自己有没有患病，除了上述原因，还有医生的诊断水平、自己的表述程度，以及其他环境因素的影响等。

如果一个人的抑郁情绪确实影响到自己的日常生活，而且持续时间较长，那么就有必要去医院诊断，寻求心理科医生的帮助。假如你为亲人的离世哀伤两个星期，你是正常的，但如果你两年之后仍然处于悲伤之中，那就有问题了。

据媒体报道，全球现在有三亿多人患上抑郁症。这似乎已经成了时代的流行病，就像传染病一样，但这个数据不排除人为的夸大，和医生误导诊断的夸大。经常有媒体报道，某官员、某富豪、某明星跳楼自杀，其被发现患有抑郁症。媒体的这种宣传给人的感觉是，患抑郁症的最终结果就是自杀或杀人，事实上真有那么严重吗？未必。

对抑郁症的重视体现了人们对心理、精神健康的重视，当然是好事，但若小题大做，把抑郁症放大化、恐怖化，只会给我们带来更多的伤害。现在，已经有健康专家、心理学家发现了这个现象：全球抑郁症患者的统计数字在呈爆炸式的增长，被诊断为严重抑郁的成千上万的人，也许实际上从来没得过此症，更糟糕的是，他们却吃下了大量的抗抑郁药物。

现代社会竞争激烈，无论男女老少，各行各业都有压力，谁没有点小情绪，谁又没有感到抑郁的时候？在感情上遭受了抛弃，在职场上错过了升迁的机会，创业失败，等等，生活中总会有各种各样的不如意，有抑郁情绪是很正常的。

人们容易被自己的"抑郁症"吓倒，有两种可能，一种是他自己不愿意承认或面对自己的病情，自身的逃避机制在起作用；另一种可能有一定的抑郁情绪，但被医生的误导起作用，其实我们生活中和医学上的抑郁症是不一样的。

不要把抑郁情绪当成抑郁症。从心理学的角度来讲，抑郁与高兴、愤怒、悲伤等都是正常的情绪，甚至有的人说抑郁是一种生活方式，他们在非病态的情况下享受抑郁，所以抑郁情绪也能给人们带来一些好处。就像很多人觉得悲伤、难过是不好的，但是历史上很多诗人、文学家恰恰是在恰当的负面情绪中创造出了很多佳作。

没有人能伤到你
爱,并没有那么难

现在越来越多的人把心理咨询看作是注重生活品质的象征,而不是为自己"治病"。

第8章
援助：当心里生病要找医生

地面即使静止不动，也被认为"伤害"到了他人。

没有人能伤到你
爱,并没有那么难

我们需要了解的真相是,幸福不等于完美,不等于无伤害。

第**9**章

恢复力：
穿过灵魂的黑暗

"我感觉好多了！"
受伤总是难免的，我们需要足够的恢复力，在短时间内调整身心，恢复到从前，甚至比以前更快乐。

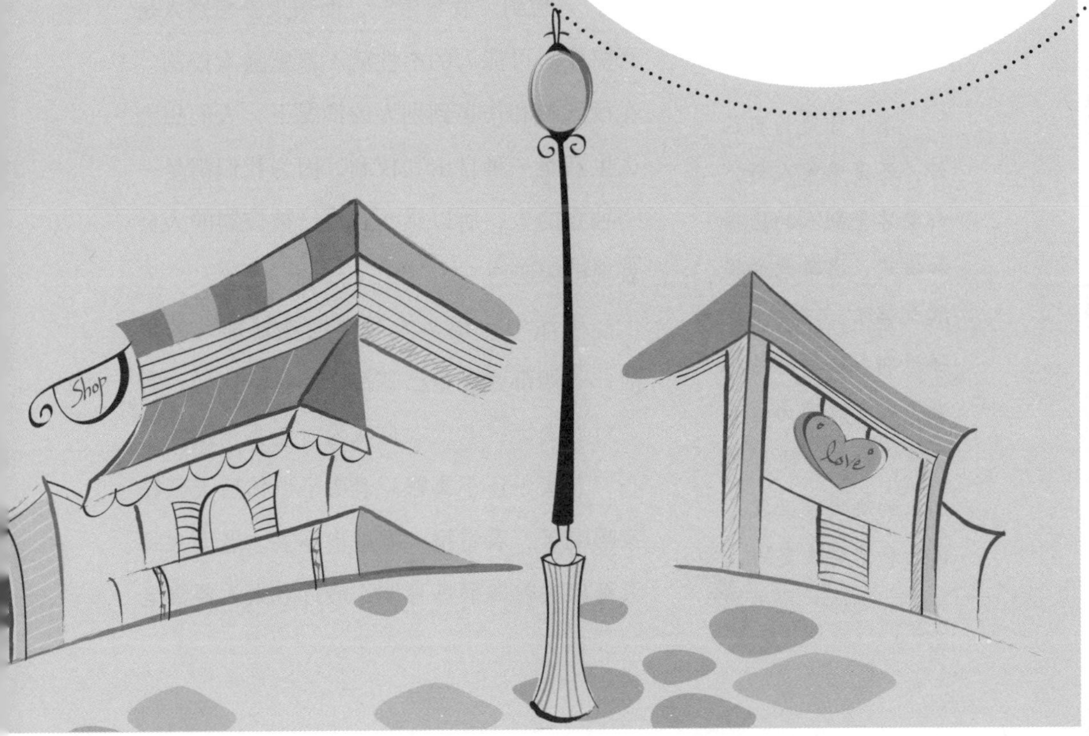

你的焦虑，哪些是因为别人

不少朋友在谈到自己的父母时，都认为母亲太强势，并表明自己选择到远一点的城市学习或工作就是为了摆脱父母的控制。

一切为了孩子是大多数父母的基本原则。孩子不听话，自己就会不高兴、生气。"别碰那个！唉……叫你别碰！""快点过来……快点啊！""我说了要……你为什么不听？"要不是我自己做了母亲，我也无法理解父母对孩子的约束和过度关注。

我们每个人都过于专注自己，只想到"我希望"，而很少去想别人是否需要。可能人的本性就不愿意被人控制。在没影响和伤害到别人的情况下，人们想怎么生活是一种自由和权利，因为我们都是一个独立的人，所以感受到自己被控制的人会表现出叛逆。

生活中，很多人习惯性规划别人的生活，一切都要在自己掌控中才好。比如，有一对老夫妻，老太太自认为对老头子操碎了心，老头子还不买账。老头子退休后天天在家喝喝茶，看看报，哪里也不去。老太太每天都出去跳舞锻炼身体，最近老太太要轰老

> 不管你是为自己好，还是为他人好，都要尊重别人的选择和决定，有善意的提醒就够了，不要企图强迫别人依你的意愿做出改变。因为你无法改变别人，更因为别人的决定未必就是错的和需要改变的。

头子出门，说："你这样天天在家要憋出病的，晚上出门散散步多好，还有的老头跟我们一起跳舞呢，你怎么就不能跳了？"老头说，我不喜欢！老太太不理解，嘟嘟囔囔。

老太太还数落了老头儿很多做得不对的地方。比如，他特喜欢管别人家的闲事，别人有点芝麻小事都要找他帮忙，好多时候他都费力不讨好，他还不长记性。

又比如，老太太很爱干净，老头儿却总是从外面拿回来一些旧报纸、不值钱的老物件儿，她认为这些东西又没价值又占地方，直接就给他扔了。下次老头还拿回家，老头儿就是改不了。

"想起这些，我就心烦！"老太太说。其实，总是提醒别人按自己的意愿行事，说的次数多了就变成了啰唆、唠叨，别人也很烦。

一个女孩非常反对男朋友玩游戏，而且已经到了愤怒的极点，她说："我对他再好，他还是要做我不喜欢的事。"我也经常听到有人抱怨："我跟他说，他不听！""我不喜欢他那样。"要知道，我们没有办法去直接改变某个人。且不说你认为是对的就一定是对的，首先我们要尊重他人的生活方式，倘若他人的生活方式给你造成了困扰，你也很难通过"好言相劝"、命令、强制改变等方式来改变他人。一定是对方认为自己有必要改变了，愿意改变了，他（她）才会改变。所以，我们要改变他人需要很多智慧。

还有一位读者说，有一件事最近很困扰她——闺蜜出轨了。她一直认为闺蜜是一个很有气质、很有智慧的女人，怎么会做出这样不道德的事来呢！她不能让这件事继续发展下去，于是对闺蜜好言相劝，可闺蜜怎么也听不进去，更让她伤心的是，她再问起闺蜜和那个男人的事，闺蜜竟然缄口不言了。她对闺蜜非常失望，这段时间自己也一直心情郁闷。作为朋友，尽到提醒的义务已经足够了，别人有别人的选择，但她把自己看成了正义的化身，认为自己是救世主却又没有救到人，当然会不开心。

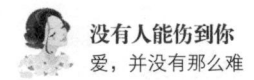
没有人能伤到你
爱,并没有那么难

还有一位中年朋友,60多岁的父母要离异,他认为父母没有考虑他的感受,坚决不同意。他每天为这件事烦心。我说60多岁的人做出这样的决定一定是经过深思熟虑的,你不是他们,体会不了他们的喜怒哀乐,也许他们认为分开比在一起更开心。

不管你是为自己好,还是为他人好,都要尊重别人的选择和决定,有善意的提醒就够了,不要企图强迫别人依你的意愿做出改变。因为你无法改变别人,更因为别人的决定未必就是错的和需要改变的。

有一句话"人之患在好为人师",很多人自以为是地充当别人的老师,教育别人如何如何;事实上,我认为,比"好为人师"更为"患"的是"好为人主",认为自己是英明的,以自己的喜好去主宰别人的生活,要给别人做主。

长期熬夜有损健康,是每个人都知道的事,但为什么还有那么多人熬夜?并不是每个人都愿意生活在极度理智、极度正确、极度科学的思维中,人们会根据自己的需要选择自己要做什么事,包括一些客观上根本不好的事,而且人们愿意承担因此带来的风险。

每当遇到一些矛盾或分歧,我总会告诉自己,思维不一样而已!就让对方按自己的标准去生活吧,只要对方没有伤害你,没有影响你太多,也没有过度地伤害他自己。当你尊重别人、理解别人的时候,你反而会获得更多。

在这一点上,我有三个心得:

第一,接受对方是与你不同的人,不可能事事都跟你的看法相同。

第二,爱一个人不等于你有控制他(她)的权利。

第三,不要总想着改变别人,要尊重别人的想法和做法。

我们无法改变别人,能改变的只是自己。就算他人看起来是被你改变了,也是他自己的认知发生改变,引起他自己的行为改变,只不过受到了你的外在影响。所以,要想一个人有所改变,我们最好是先改变自己,通过自己去影响他人,影响不了,就调整自己顺应环境。一味地要让他人按你的意愿行事，只能是自寻烦恼。

和谐的关系，就是达到彼此的平衡状态，一般来说，不是力图让别人适应自己，就是努力去适应别人，当然，最好的状态是各自调整自我，努力彼此适应。

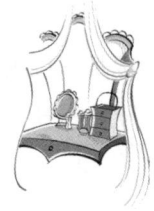

关注自己的恢复度

一个人生病或受伤后应该怎么对待自己？有的人不断地把伤口扒开给别人看，以博得同情，不停地为自己找机会申诉，导致伤口流血、感染，结果反而给自己又造成了二次伤害。而有的人理智地为自己清理伤口，消毒，包扎，汲取营养，帮助伤口愈合，慢慢地，就恢复了。

倘若你行走在路上，被车辆不小心撞伤了。第一时间你希望应该抢救你这位伤者，还是追究肇事者？相信大多数人都会选择前者，救人要紧。

> 倘若你行走在路上，被车辆不小心撞伤了。第一时间你希望应该抢救你这位伤者，还是追究肇事者？相信大多数人都会选择前者，救人要紧。

任何时候，都要以自己的身心为主要关注对象。受伤后，第一时间应

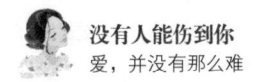
没有人能伤到你
爱，并没有那么难

该评估自己的身心状况，先考虑自己要如何处理，是否有自己的社会支持系统，是否需要专业的心理辅导？给自己一定的时间疗养，把焦点都放在自我恢复上，这个阶段之后，再思考为什么会这样。自己会不会被同一类事故伤到第二次？是不是自己的原因造成的？

很多人往往把事情的顺序弄反了，非要先和对方理论清楚，甚至对方不给道歉，追究不到对方的责任，自己的伤势就不管了，茶饭不思，六神无主的样子。"你不让我好过，我也不让你好过"，这部分人往往把太多的心思花在与对方的战斗上，哪怕鱼死网破也在所不惜。

曾有一位50多岁的女性读了我的书，希望我能帮助她。她是一位国企干部，刚刚退休发现了丈夫的外遇，经过一番控诉和打闹，丈夫承认错误，并承诺不再和小三联系。

然而，一段时间后，她再次发现丈夫和小三在一起。丈夫表示需要一点时间来解决外面这些问题，而她已经对他失去了信任。为了拿到证据，她请了私人侦探跟踪丈夫。最终丈夫铁了心要与她离婚，她绝不同意，也不让丈夫好过，隔三差五就找丈夫的领导反映情况，希望单位对他做出处罚。

她的生活状况特别糟糕，连她的女儿也不愿意跟她在一起。她跟我交流的时候，我发现她的生活已经严重受到影响，说话也变得语无伦次，甚至一直怀疑有人要害她。我知道她的问题已经超越了我能帮助的范围，于是我给她推荐了北京某医院心理科的一位医生。

丈夫犯了错，好像受到惩罚的却是她。一个本来精神正常的女人患了严重心理问题，连亲人也不再愿意亲近她。我们常说，可怜之人必有可恨之处。报复带来的只可能是无休止的战争。对方得不到安宁，自己更是活得纠结。即使你打了个胜仗，又如何呢？等你把肇事者追回来，声讨一番，受害人已经由于救护不及时，死掉了。

第9章
恢复力：穿过灵魂的黑暗

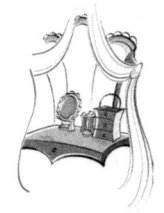

想逃，那就暂时逃离吧

一个人太累大多是因为心里装的事情太多，心里的东西堆得越满，负荷就越重。有时候，我们想要放空自己——什么都不去想，让内心一片寂静。

能做到吗？要怎样做呢？

有一天，我与心理所的两位同学讨论了这个问题。他们都不认为人可以真正放空自己。我认可他们的说法，但若是短暂的放空，我觉得或许可以。就像一个身心疲惫的人，睡着了，只要不被噩梦缠身，就是一种短暂的放空。烦恼中的人不一定想睡就能睡着，而且一天中至少有三分之二的时间是有意识的清醒状态。

更何况，我们的大脑随时都在从外界搜集信息，加工和存储信息，它无时无刻不在工作着。我们不可能做到什么都不去想。有时候提醒自己，这件事不能再想了，它反而想得更厉害。所以，我们说的"放空自己"只能是暂时的释压和放松。

有一位做生意的同学，每天要处理很多事，他说有时候自己会一个人开车几十千米，到人烟稀少的山林里静坐一两个小时，看着山上的风景，

> 真正的放空自己，必须是内心的清醒与清净，与环境没有绝对的关系。很多人在纷繁嘈杂的社会中，依然能清醒地认知到自己是谁，正在经历怎样的人生，要过怎样的生活。

211

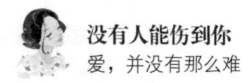

什么都不想,感觉很好。我觉得这其实就是短暂的逃离,逃离烦恼产生的环境。来到一个新的环境,那些原有的烦恼刺激物不在眼前,当然会让人换一种心境。

很多人会觉得旅游能让人忘掉烦恼,心情愉悦。人们到新环境中,注意力被分散,头脑中接收的都是新鲜事物的刺激,根本无暇再加工原来那些糟心的信息。因为少了牵绊,人就变得放松,思维也会变得更加开阔。然而,这只是一种短暂的逃离,很多人再回到原来的环境中时,发现原来的烦恼并没有消失。注意力转移是一个比较快的方法,但不是根本的办法。

我的另一位同学,以前是全国体操冠军,现在是瑜伽教练。我问他冥想能让人心静吗?他说不一定,有的人可能更糟!这个回答让我很意外。他也不认同一个人可以真正的放空自己。不过,他给了我一个很好的建议,他说:"让你的身体运动起来。就可让身体、精神处于自由放松的状态。"我想,当身体处于运动状态的时候,头脑就失去了胡思乱想的客观条件——安静,因为很多人的冥想最终可能变成胡思乱想。

很多人烦恼的时候害怕独自一个人相处,否则就会坐立不安,一定要找朋友到歌厅、夜店等娱乐场所消遣才行,或是待在家里打开电视机,看那些没完没了的无营养节目,当然,这也是一种短暂的逃离。

真正的放空自己,必须是内心的清醒与清净,与环境没有绝对的关系。很多人在纷繁嘈杂的社会中,依然能清醒地认知到自己是谁,正在经历怎样的人生,要过怎样的生活。

给自己一个独处的时间,以及一个可以自我调整的空间。我想,一个人如果能给自己的思维多整理出一些空间来,也算是放空自己了吧。就像一间塞满了废旧物品的破屋子,如果不整理,便连落脚的地方都没有,而且谁都不愿意待在其中;但若将它好好规划一番,重新装修,除去灰尘,把该扔的扔掉,可留的留下,人活动的空间变大,视觉享受也有了,自然会心情愉悦。当然,倘若房子已经破旧不堪,那就干脆丢掉它,重建一所新房子。

我们心中的那团麻也是如此,倘若还有解开的愿望和可能,那么就平心静气,耐心地先找到绳头,然后一点一点地跟着它的线索,重新有条理地卷成团;倘若这团麻已经乱到让你心力交瘁,那就把它放在心底,不去管它。不要企图解开所有的麻团,既没有必要,也耗费精力。

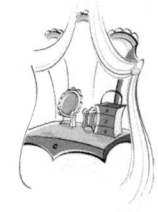

为自己加油,而不是总泼冷水

生活中,我们每时每刻都在接受各种暗示,我们所听到的、所看到的、所感受到的一切都是暗示,不同的暗示,不同的属性,产生不同的影响,尽管你自己没有意识到这一点,但这些影响对你的生活产生的效果却是不可思议的。

女性比男性更容易接受暗示,特别是脆弱的人更容易受到暗示的影响。积极的心理暗示是富有感染力的,而消极的暗示则有沉重

> 当一个身处绝境,或处于痛苦中的朋友对你倾诉时,千万不要说你对他(她)有多么失望,这样会让他(她)彻底走入毁灭的深渊。

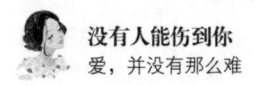

的打击性。因此，当一个身处绝境，或处于痛苦中的朋友对你倾诉时，千万不要说你对他（她）有多么失望，这样会让他（她）彻底走入毁灭的深渊。

暗示分自我暗示与他人暗示两种。自我暗示是指自己接受某种观念，对自己的心理施加某种影响，并使情绪与意志发生作用。比如，有的人早上起来照镜子，发现自己脸色苍白，眼睑浮肿，皮肤干燥，恰巧昨晚睡眠又不好，这时马上就感觉自己全身无力，甚至怀疑自己得了什么病；而有的人在这种情况下会马上用理智控制自己的紧张情绪，并且告诉自己洗把脸，打扮一下，到户外活动活动，呼吸一下新鲜空气就会好的，于是精神振作起来，高高兴兴去做事情了。他人暗示就是他人的评价对自己产生的影响。比如，某天你穿了一件新衣服去上班，好几位同事都说不好看，慢慢地，你也开始怀疑自己的判断力和审美眼光了，你也认为这件衣服不好看，甚至决定以后再也不穿它了。

消极的暗示是幸福生活的头号敌人。有些人的生活在不断的消极暗示中每况愈下，他们变得十分胆怯、异常敏感、信心缺失，甚至越来越自卑。

女孩Jelly是我以前的同事，我刚认识她时，她在一家私企做文员。她的长相平庸，家境一般，父母离异，小时候吃过不少苦。我和她认识一晃已经十多年了，如今三十六岁的她仍然单身，仍然做行政工作，偶尔接点校稿的活儿。她换了很多次工作，但职位和收入并没有多大变化。

我曾提醒过她要学点什么，要扩大她的朋友圈，努力结束单身生活。她总是说没有大公司会要她，没有人会看上她。她的口头禅几乎就是："我哪能跟你比？""我的命就是这样！"我不知道她是真的自卑，还是以"命就是这样"为自己的不作为找借口，但我绝对相信她已经被自己的口头禅给催眠了。

她每天就是起床上班，下班回家，工作没有多大起色，而感情上似乎也是一片空白，我没见她谈过恋爱，因为她习惯性地认为自己配不上别

第9章
恢复力：穿过灵魂的黑暗

人。我对她是"哀其不幸，怒其不争"。

发生在一个人身上最糟糕的事情之一就是，"生来就不幸""命运总是跟我作对"这样的想法根植于脑海中。倘若她能转变思想，用"我的命运肯定会改变""我没什么比不上你的"来暗示自己，她就会不断地高要求自己努力去达到自己期望的目标，结果可能是另外一个局面。

其实，当你坚定地希望自己成为什么样的人，做成什么样的事的时候，你便增加了对自己的暗示和信任，你的能力也会相应地提升，这种暗示能激发你沉睡的勇气和力量。

所以，任何时候，我们都需要给自己一些积极的暗示，相信自己，经常从好的方面评价自己，多鼓励自己，为自己加油！

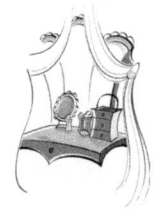

从前的慢，从前的美好

我和读者们在微信"心灵栖居地（shuimiao2011）"中经常有一些互动。有一次，我的互动环节是让大家回忆美好，我这样写道：

无论你相信爱还是怀疑爱，无论你有多么喜欢TA或是多么怨恨TA，无论你现在是热恋还是失恋还是在平淡的生活中，现在我只想请你跟我一起，闭上眼睛，回想与TA在一起的美好时光。因为我相信，爱，终究是快

> 现在有了手机，有了邮件，有了更多的即时通讯工具，好像什么都变快了。快得都不知道自己做了什么。那份美好的期许也仿佛缩短了它的时长。我们都在拼命地往前奔，却忘了停下来休息和回味。

乐的，如果你认为这是爱的话！

第二天早上，有很多读者告诉我，他们真的那样做了，而且也是第一次那样做。感谢我给他们提供了这样一个时间，让他们回忆了很多很多即将遗忘的美好时光。其中有一位读者这样写道：

感谢你让我想清楚了很多事。我们的关系已经静如止水了，但是晚上当我想起和他谈恋爱时的激情，我好像又重新为他心动了一次。那时候我们漂到北京，没有钱，工作也不稳定，但是相互关心、相互扶持，走到哪里都是手牵着手，我们一起去长城，去故宫，晚上回到居住的地下室一起做饭。现在，我有时候会抱怨他，看到他身上很多缺点，可回想起来，唯有他才是那个曾让我心动的人啊！

但凡谈过恋爱的人，头脑中都会保留一些美好的片段，只不过现在生活节奏变快，人们变得浮躁，都在力图争取获得更多，而忽视了已经得到，或曾经得到过的东西。我们看到的都是眼前的"坏"，而忘掉了曾经的"好"。夫妻（恋人）之间，美好的记忆如果能再次翻出来，起到积极强化的作用，就可以改善关系。

记得有一次，我在家整理资料，从书柜最下面的抽屉里翻出了大学刚毕业时与一些同学、朋友的书信。信件已经离我们的生活越来越遥远了。现在有一首歌叫《从前慢》很流行，我也很喜欢。以前的情书，一封信写完，封上，贴上邮票，邮寄出去，通过邮局派发，到收信人手中至少也要等上一个星期，而这个星期寄托了寄信人无限的期待与思念。当收信人收到回信的时候，是那么的喜悦，就连拆信封的时候都舍不得把信封拆坏，用小刀沿着缝隙轻轻地划开，取出信，有时候信纸被叠成心形，看完后又

第 9 章
恢复力：穿过灵魂的黑暗

跟着纸痕叠成原样。一封信看了一遍又一遍，慢慢品尝，又慢慢回味。

现在有了手机，有了邮件，有了更多的即时通讯工具，好像什么都变快了。快得都不知道自己做了什么。那份美好的期许也仿佛缩短了它的时长。我们都在拼命地往前奔，却忘了停下来休息和回味。

我翻出来的信件中，其中有很多是先生10多年前写给我的，看看日期，当时我们正处于热恋却刚刚两地分居的情况中。10多年前的信件，会写些什么内容给我呢？我现在完全不记得了，也想象不出他会写什么给我。

这封信是用拆信刀沿着信封的边缘把信封划开的，信封边缘非常整齐，几乎看不出拆开的痕迹，可见当时我对它是多么的"呵护"。取出信件，三张信纸被折成一个心形。只是看了个开头称呼语，就已经醉了。因为当时他给我取的昵称已经很久没有使用了，也不知道从什么时候开始，我们在家中由叫彼此的"戏称"改为叫彼此的大名。我嘿嘿一笑，想起了自己曾经确实有过那样一个隐私而又浪漫的昵称。

"我很想你""很想见到你"这样的情话，对于我们这对"老夫老妻"来说，已经是奢侈品了。可我们曾经确确实实每天都奢侈过啊。看着这封信的时候，我感到非常惊喜，庆幸自己把这些东西都留了下来。

当我把信拿到先生面前，要给他看。猜猜他的第一反应是什么？他羞涩地笑了笑，然后阻止我："快放好，别看！再过10年再看！"

好东西，藏好！再过10年，我们更加需要回忆，更加需要激情的时候再把它拿出来回味。仿佛现在还不到需要它的时候。女人的好奇心怎么能阻止得了？我将信看完，眼眶中已经有些湿润。我真的被它触动了。

也有的人说："回忆那些有什么用，那些美好的东西能回来吗？"回忆只是场景的重现，并不是为了追求生活一定发生怎样的改变，但它能告诉你，你并不是一个注定不快乐的人，你也曾爱过，被爱过，快乐过。那个被你声称"冷淡""不爱你"的人也曾深深地爱过你，而你，也曾值得

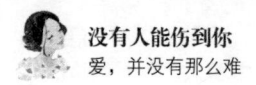

没有人能伤到你
爱，并没有那么难

他爱过，也曾是他做决定时最终确定的选择对象。

也有的人对当前的生活不满意，就把以前所有的事全盘否定。"我真是瞎了眼，怎么会找你这样的人！""你从来就没有让我开心过！""你从来没有爱过我！""早知有今天，宁愿不要以前的那些美好。"问问自己的内心，事实上真的像你抱怨的那样吗？

前段时间我参加了一位朋友的婚礼。当看到新娘子穿着洁白的婚纱，走在红色的地毯上，听着神圣的婚礼进行曲时，没想到自己突然被触动，眼框不知什么时候竟然湿润了。这让我回想起了自己10多年前穿上婚纱，走在红地毯上时的情景。那个时候，两个人由相识、相恋、相知，到最后终于可以"永远在一起"，是多么欣喜！

那一次，我发现，夫妻多参加他人的婚礼仪式，是一个很好的促进夫妻情感的活动，它能勾起人们很多美好的回忆。

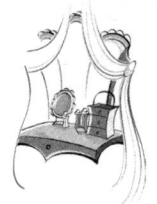

内心有光明就会看到阳光

当你认为别人不喜欢你的时候，你是否想过，也许是你先表达出对别人的冷漠？

当你觉得别人猜疑你的时候，你是否想过，也许你是在猜疑别人？

第9章
恢复力：穿过灵魂的黑暗

当你觉得别人在羞辱你的时候，你是否想过，你也曾常以羞辱别人为乐？

当你认为别人伤害你的时候，你是否想过，你也曾让别人受伤？

我们习惯性地认为自己是善的，别人是恶的。你总会看到那些你不喜欢的人，遇到那些你不喜欢的事，你是否想过，你看到的也许就是你自己？

我家里有一些植物。有一段时间家里没人管理，这些植物就只能自生自灭了。后来经过我的"抢救"，有些活了过来还发了新芽，还有一些就处于生与死的边缘。它们的状态参差不齐。很有意思的是，家里来的朋友看到这些植物时，表现不一。有的朋友见到后说："这些植物都被你养死了，还能活吗？"还有的朋友惊呼于发现了新芽，说："呀！这植物恢复得不错，看，发新芽了！"他们的关注点完全不一样。

> 人们心存一个念头时，会不自觉地找证据证实自己的想法。当你万事都做了防御的准备，一有点风吹草动，你的头脑就会朝着你准备好的思路去联想，这是一个心理准备状态。

这都是自己内心的投射。你是什么样的人就会看到什么。当你对周围的人充满不满和愤怒时，也许是你对自己的困境不满。当你觉得有人不喜欢你，看不起你时，不妨想想，是否你自己无意中在心中做了不被人喜欢的准备，或是自己的不自信传递出了某些信息给对方；当你觉得别人在利用你的时候，是否你一直害怕或防御着被别人利用。

人们心存一个念头时，会不自觉地找证据证实自己的想法。当你万事都做了防御的准备，一有点风吹草动，你的头脑就会朝着你准备好的思路去联想，这是一个心理准备状态。

Sherry在一家公司做业务，有一天她的部门来了一位新同事。这位同事和她来自同一个县城，也是孤身一人在外闯荡，两个人有相似的经历，很快就成了好朋友。Sherry觉得这个女孩做事认真、踏实，但性格有些内

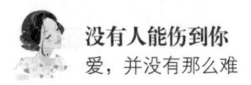

向,不太会与人交往,所以想帮帮她。有一天,Sherry拿了一堆资料给这个女孩,说有一个新客户要做一个单子,她要把这个客户推荐给这个女孩。

女孩看着Sherry,居然半天没说话,最后问了Sherry一堆问题:"你为什么要把业务介绍给我?""这么好的事情你为什么不自己留着?""是不是这个单子有什么问题?"

Sherry觉得女孩的担心是正常的,因为都是做业务的人,没有道理自己的单子给别人做。于是她向女孩解释:"我这个月的任务已经超额完成了,这个单子不算大,对我来说无所谓,但是对刚进公司的你来说,却很需要。"

Sherry这样解释,女孩还是不相信,继续对她质疑:"你是不是想两头都拿好处,先在客户那里说帮他们介绍一个业务,拿了他们好处,然后回来给我推荐一个业务,再从我这里拿点好处?"Sherry觉得这个女孩简直不可理喻。

一个人心里有什么,就会看到什么。当内心预备着会看到什么,在现实中就会不断地找线索来证明自己的预备是正确的。内心充满阳光,看到的就是光明;内心是阴暗的,看到的就是黑暗。自己是善良的,看到的就是善;自己是邪恶的,看到的就是恶。

第9章
恢复力：穿过灵魂的黑暗

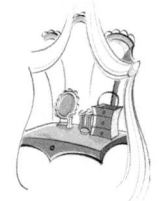

假装自己很快乐

当我们饿的时候，我们会本能地去找食物填充胃，基于一种生理需求，人们不得不立即满足自己，而当我们不快乐的时候，我们找快乐来满足自己的强度并不那么强烈，因为获得快乐属于精神层面的需求，达不到"本能"的强度。

由于没有强大的内驱力，所以很多人一直拖着。就像自己得了病，知道不是绝症，死不了，而不重视，心想慢慢就会自愈的，果真有的人慢慢就好了，但也有的人越来越严重，最终"不快乐"成了一种习惯，进而整个思想观念也固定了，产生"就这样了"的思想。

我们每个人的情绪、心态都会受到环境的影响，当受到挫折的时候很容易对周围一切持消极态度，抱怨、否定、消沉、做事的兴趣降低，对周围的人和事产生怀疑、怨恨等。

很多人说，我就是不快乐，怎么办？如果真的不知道怎么让自己快乐，那就假装很快乐吧。在心理学上，关于行为改变态度的理论有很多。有些人因为高兴才唱歌，也有些人因为唱歌而变得高兴。认知不协调理论告诉我们，当外部刺激不足以证明我们

> 当无法调整内心情绪时，你可以调整肢体语言，带动出你需要的情绪。比如你强迫自己做微笑的动作，你就会发现内心开始涌动起阵阵欢乐。

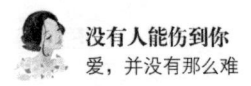

行为的合理性时,我们就会通过内部心理活动证明自己行为的合理性以减少不协调。

人们的情绪变化与生理变化是相互影响的。当无法调整内心情绪时,你可以调整肢体语言,带动出你需要的情绪。比如你强迫自己做微笑的动作,你就会发现内心开始涌动起阵阵欢乐。所以假装快乐,你真的就会快乐起来。

我经常对一些问我怎样才能快乐的人说:"那就做一些快乐的举动吧!"哪些举动可能令人心情愉悦?比如微笑、唱歌、户外运动、做自己感兴趣的事等。有一句话叫"喜欢笑的女孩运气不会太差",其实是有心理学依据的。首先,她的微笑举动能带动她的内心,其次她的微笑能传递给周围人很多正面信息,周围人又把这些信息返回到她自己身上。

现在很多女性喜欢自拍。走到哪里,拍到哪里。然后修图,放在朋友圈让朋友一起欣赏,要是能得到朋友们的点赞或评论,心情就更加舒畅了。很多人打击自拍党,说他们自恋、孤独、孤芳自赏等,而我觉得自拍党用自拍强化自己的幸福感并没有什么不好。即使把照片中的自己修饰得面目全非,构造出一个虚拟的漂亮人像,只要自己高兴,又有什么不好呢?

很多人不快乐的时候想从书本中寻找答案,看了不少心灵指导、抑郁治疗等自助类图书,但遗憾的是,我听到很多人说,书上写的这些我都懂,可是一到现实生活中我就应付不了。我认识一个自认为不快乐的人,她为了调整自己,读了很多心理学方面的书,甚至表现得比她的心理咨询师懂得还要多,因为咨询师与她交流时,她已经摸清了对方的所有"套路",告诉对方"你说的我都知道"。书本和专业知识对她不仅没有帮助,反而起到了阻碍作用。

书本是静止的,如果一个人悟性不够,觉察力不够,看再多的书也无济于事。不要局限于为了解决问题而解决问题,找到自己的兴趣点,做一些自己喜欢做的事对自己的心态恢复可能更有帮助。

第9章
恢复力：穿过灵魂的黑暗

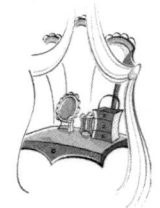

再坏的事也有好的一面

人们喜欢追求快乐，现在媒体上也出现了越来越多的教给人们快乐的方法，可是仍然有许多人不快乐。这种不快乐说到底是自己对世界的态度问题。同样的一件事，在你这里可能觉得天塌下来了一般，而在他人眼里却并不算一回事。

> 很多人一件事情做砸了，或是丢了东西，总是喜欢懊悔、自责、忧郁。当你不由自主地"往坏处想"的时候，不如"转念一想"。

很多多愁善感的人，喜欢把一些简单的事情想得很复杂，或总是喜欢负面地想一些问题。朋友Kelly在我们小区底商门面开了一个服装店。尽管小区的服装店仅此一家，但她的生意还是不够好，人气不旺。

就在前些日子，她旁边的店铺又开了一个服装店，似乎要跟她打擂台一样。她郁闷极了。"这下我肯定要关门了！本来生意就不好，现在还来了个抢生意的！"她越说越没信心做下去。我说："这是一件好事呢！以前这里只有你一家服装店，不够引起购买者的欲望，现在服装店多了，对购买者的吸引力也就大了呀！"

她瞪大了眼睛，似乎还不明白我在说什么！

我又解释："比如，以前人们想买衣服了，一想到这一块只有你一家

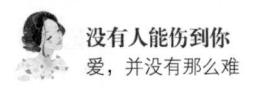

没有人能伤到你
爱，并没有那么难

服装店，可选择的衣服又不多，所以人们就到别处去了，而现在多了一家店，选择多了，人们可能就会考虑到这里买衣服了。你的顾客量不也多了吗？"

听我这么说，她豁然开朗。

人与人之间对事物的看法可能截然不同。一个人是不是乐观，要看他用什么方式来诠释周遭的人、事、物。比如，在沙漠中行走的两个人，当他们只剩下最后一袋水了，悲观的人可能会认为："怎么这么倒霉，就一袋水了！"他因此而灰心丧气，失去走出沙漠的信心。而乐观的人却非常满足地想："还有一袋水呢！足够支撑我们走出沙漠了！"因此，而满怀信心地前进。

对你的人生，如果只看到消极的一面，可能会使你错过许多机会。如果你一直有一个悲观的世界观，那么你的注意力可能永远不会转移到对你有利的一面。

乐观的人能从挫折中发现希望，"喜悦""乐观""正面思考"也是一种习惯，它能使我们避免自怨自艾，悲观自叹！

有些人，凡事都习惯性地做负面思考，从负面角度来衡量和评价，结果往往让自己陷入一种悲观的情绪中不能自拔。就像我那位朋友Kelly：当她的竞争对手出现的时候，她首先想到的就是人家抢了她的生意，而不想竞争带来的好处，因而灰心，甚至还有过想关门的打算。

我们有必要辩证地看待一些事物，凡事都不只有一种解释。假如，我们能多学习正面思考，从比较乐观的角度来看待事情，心情一定会更愉悦、更快乐。

同样一件事，若能从正面、乐观的方向来思考，就会使自己充满喜乐和盼望。所以乐观的人，是从挫折中发现希望；悲观的人，是在成功中寻找挫折！

我还有一个朋友是个乐天派，好像什么事情都难不倒她。有一次，跟

第9章

恢复力：穿过灵魂的黑暗

她逛完超市出来，看到超市广场上有抽奖活动。于是，她用两元钱买了一张奖券，没想到刮中了一辆捷安特自行车。

很早她就需要一辆自行车，打算骑车上下班。想买一辆好一点的，又怕人偷；买辆不太好的，她又看不上，所以一直没买。这下她的愿望实现了。

每天她都骑着漂亮的小捷安特上下班，又能运动，又省掉了挤车之苦，是多么好的事情啊！她那么爱她的新车，为了防盗，她每天都不敢把车停在外面，而从楼上搬下搬上。尽管这样，遗憾的是，半个月后的一天，她将车停到单位的车棚里，还是被人盗走了。

刚开始，她感到很气愤，她恨透了那个偷车贼。可当我们还在为她感到愤愤不平的时候，她又变得开心起来。

我们都安慰她："你的车丢了，千万不要伤心啊！"

她反而兴高采烈地说："嘿，我为什么要伤心啊！"

我们都觉得她有点没心没肺。

"如果你们不小心丢了两元钱，会不开心吗？"她问。

"当然不会！"我说。

"是啊，我就是丢了两元钱而已嘛！"她笑道。

那时候，我才知道，她为什么每天都快快乐乐的。因为她能驾驭生活中的负面情绪，所以当那些不幸的事情发生的时候，她懂得往好处去想：既然有些事情已经发生，无法改变，我们为何不干脆接受它？

很多人一件事情做砸了，或是丢了东西，总是喜欢懊悔、自责、忧郁。当你不由自主地"往坏处想"的时候，不如"转念一想"。

比如，你在爱情中遭人背叛，你觉得很伤心，觉得自己的感情被人戏弄，但你可以"转念一想"：你应该庆幸，正是因为他的背叛让你得以早日看清他的真实面目，没有把自己的后半生托付给他。

你带着宠物到公园玩的时候，宠物弄丢了。你很不开心，觉得自己对不起它，怕它流浪。但你可以"转念一想"：它可能会遇到一个比你更喜

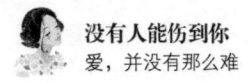

欢它的主人，过得比现在更舒服。

快乐的方式可以多种多样，快乐的种子却是众人皆同。每个快乐的人，都藏有一颗相同的快乐种子，那就是乐观的人生态度。

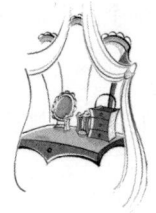

最舒服的姿势是放松

在正式场合，参加正式活动的时候，我们可能坐姿标准，上身挺直，正襟危坐。但是当一个人待在家里的时候，姿势又是如何呢？斜躺在沙发上，双腿放在茶几上，或是慵懒地躺在院子的草坪上晒太阳。身体放松，会让人感到全身舒服。

对许多人而言，放松就是让自己的身体放松。好好睡一觉，这样确实可以缓解身体的疲劳，但是对心灵的作用却不大，有时候睡眠时间足够了，仍然觉得很累，做什么事都没有兴趣，也没有精神。因为你内心的压力没有得到释放，它就以心理压力或精神苦恼的形式存在于你的头脑中，让你时刻处于精神紧张的状态。

对于心灵来说，找到一个合适的放松

> 通过想象的办法，让自己产生平静的、放松的视觉形象让自己得到放松，也是心理咨询中常用的"引导想象技术"。

第9章
恢复力：穿过灵魂的黑暗

方式非常重要。比如，有一个女孩每当感到烦闷的时候，她就买一堆零食吃，通过吃来发泄。不知道从什么时候开始，她养成了吃零食的习惯，而且吃起来就管不住自己的嘴，有时候明明知道已经吃了很多，很撑了，可还是没办法停下来。还有一个女孩，每次压力大的时候就到商城购物，不管买的东西是否需要，但购物的过程中她体会到了快感，得到了压力的释放，但是到最后，经济压力却变成了她心上的石头。还有一个女孩，伤心的时候拉朋友去KTV唱歌，每听到和唱起那些忧郁的歌曲，她的内心就变得更加凄凉。

舒展心灵的方式有很多，不健康的方式也有很多，有些人在感到无奈、焦虑的时候，会哭泣、咬手指、砸东西、故意失踪等。当压力不能及时得到缓解，积聚到一定程度时，有很多心理承受能力差的人还会做出轻生的举动。

我们不可避免地体会到一些社会压力。但是当外界的环境改变不了的时候，我们需要从自己的内心做出改变。

对于心灵来说，最好的休息"姿势"就是无拘无束的伸展，就像你美美地睡了一觉，然后大大地伸一个懒腰。当心灵舒展的时候，所有的烦恼、压力都会消失得无影无踪。一些人在感到焦虑的时候，会跑跑步、听听音乐、闭目养神、和朋友家人沟通等，这些大都是积极向上的方式，对放松心情也是很有作用的。

通过想象的办法，让自己产生平静的、放松的视觉形象让自己得到放松，也是心理咨询中常用的"引导想象技术"。例如，你可以为自己选择几个你觉得安全、宁静和惬意的场景来想象。比如湖泊、树林中，或是躺在气垫上并漂浮在水面上，在阳光下静静地躺在一片大的草地上。想象自己真的置身于这些环境中会让你得到放松。你需要把身体放在一个舒适的位置上，身边没有其他人。重要的是，你一定要把这种场景想象得尽量真实，试着去感觉、去品尝。每天想象几次，每次大约5分钟。当这些场景变

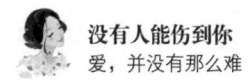
没有人能伤到你
爱，并没有那么难

得熟悉和具体的时候，就可以达到帮助你减轻焦虑和放松的效果。

并不要求你"一本正经"地放松自己。只要你有意识地放松自己，随时都可以。有时候我躺在床上，闭上眼睛，想象着自己的灵魂已经脱离肉体，飞到空中，而自己的肉体还留在床上休息。这种感觉也很好，因为让我们身体紧绷的是我们的思想和灵魂，而当灵魂抽离出去，剩下的肉体就能大面积地和床面接触，它的重量全部放在了床面上，甚至还会陷下去。如此想象，就能得到很好的放松。

如果愿意的话，你可以利用周末的时间和几个好朋友安排一次户外活动，比如爬山、到公园散步等，或是娱乐一下，看看电影或看看话剧。这些都是不错的方法，不仅让你得到了锻炼，更让你得到了身心放松。

你也可以做一些自己喜欢做的事情，比如拓展自己的兴趣爱好。日复一日的工作常常让人感到枯燥。如果你喜欢画画，你可以利用业余时间，安静地拿起画笔画画，让你的内心获得宁静；如果你喜欢听音乐，你也可以放一些舒缓的音乐，让自己沉醉其中。听音乐不仅是一种享受，在心理上，它还是一种很好的治疗手段。

第 9 章
恢复力：穿过灵魂的黑暗

一个人如果能给自己的思维多整理出一些空间来，也算是放空自己了吧。

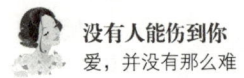
没有人能伤到你
爱,并没有那么难

　　自己是善良的,看到的就是善,自己是邪恶的,看到的就是恶。

第 9 章
恢复力：穿过灵魂的黑暗

对于心灵来说，最好的休息"姿势"就是无拘无束的伸展，就像你美美地睡了一觉，然后大大地伸一个懒腰。

后 记

有一天,我和朋友吃午饭时,我说最近肩膀很疼,可能伏案工作时间太长。她问我是否愿意做瑜伽,如果愿意就给我安排。我几乎脱口而出:"我真没时间。"确实最近每天工作都安排得很满,一个月内手头的这部书稿要完稿,每天必须看两小时的专业书,晚上时间留给孩子,以及处理一些家庭琐事等,连先生周末要给我置办新装这么美好的事情我都能痛心拒绝,我是真的很忙!

朋友瞪大了眼睛看着我,说人家比尔·盖茨每天要花多长时间锻炼身体,奥巴马也是,每天都必须有固定的时间锻炼身体,你能说人家不忙吗?

是啊,她说得没错,可他们是他们,每个人的情况不一样,我的生活确实就是这个现状。我虽然无言以对,但我知道这些例子对我不奏效。接着,朋友的最后一句话打动了我:"就看你把自己的健康排第几位,要是排在第一位肯定就有时间。"

对的,她这句话比前面说的"名人故事"实在多了。我每天做的确实都是自己排在前几位的事。想想,我还是应该把健康排在第一位。

于是,我调整了每天的日程安排。这不在于同事有多么能说会道,主要在于我身体的不良反应已经在提示我需要关注它了,我若再不重视没准哪天它就不重视我了。一个人的身体健康和心理健康都属于健康范畴,都要引起重视。那个简短的对话却让我意识到了很多东西。

第一,无论是身体还是心理,当感到不舒服,比如酸了、痛了、苦了的时候,就要有调整和改变的意识。有些痛是短而快的,而有些却是长且慢的;有些是可逆的,而有些是不可逆的;有些不处理过几天就自动消失

后　记

了，而有些如果不处理可能就会致命。现在我的肩膀真的在疼，我也不想把这个问题留到我的老年去解决。只有自己愿意改变了，我们的生活才会有所改变。

第二，外在的帮助不如自身的努力。有段时间由于身体不适，正好有另一位朋友推荐我用中药调理，我以为每天自己煎中药喝就是关注自身健康了，而忽略了对自身身体素质的主动提高。我相信人的身心能自愈，但每个人的自愈能力不一样，自身素质高的人恢复得更快。所以，我们需要把关注点放在自己身上，而不是依靠他人的力量来协助。外部的支持永远比不上内在的能量。身体上如此，心理上也是如此。

第三，名人的励志故事对我不一定有帮助，由于环境和条件不同，很多时候根本没有可比性。可能这一点早在我潜意识中起到了作用，所以我的书里基本上都是真实的案例以及走心的分享和分析。包括我看书也是一样，我不追求那些励志故事，也不需要那些名人指导，也不苛求一本书必须要给我解决什么问题。若书中有某一句话能打动我，能让我在某方面顿悟，能让我的思想和行为发生改变，而这种改变让我的生活体验比以前更好，那么这本书对我就是有益的。对别人有用的办法对自己未必有用。

记住：好好锻炼身心，并相信人体有自愈能力！

邀 请 函

亲爱的读者：

你好！

感谢你选择了我的书。

为了让大家的心灵有一片歇息之地，为了让大家有更好的共同成长机会，我建立了QQ群"心灵栖居地"。

在此特邀请你加入其中，参与我的相关视频讲座，以及主题讨论，同时也期待你的分享。

群号：245760441（心灵栖居地2），我一直在这里。